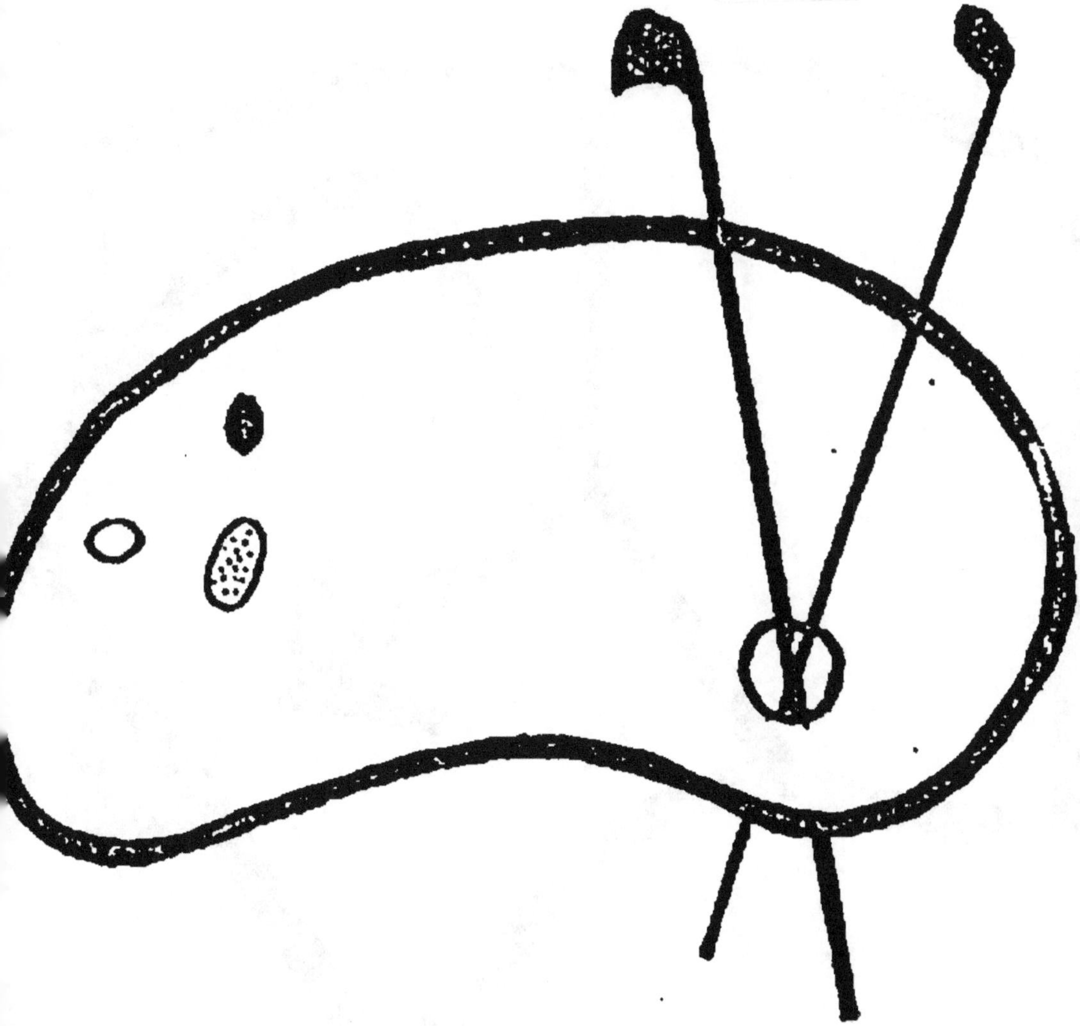

DEBUT D'UNE SERIE DE DOCUMENTS
EN COULEUR

Couverture inférieure manquante

LES GENDARMES ROUGES

A LUNÉVILLE

Par P. BENOIT

IMPRIMERIE DE LUNÉVILLE

A. QUANTIN, Directeur,

45, Rue Gambetta, 45.

1892

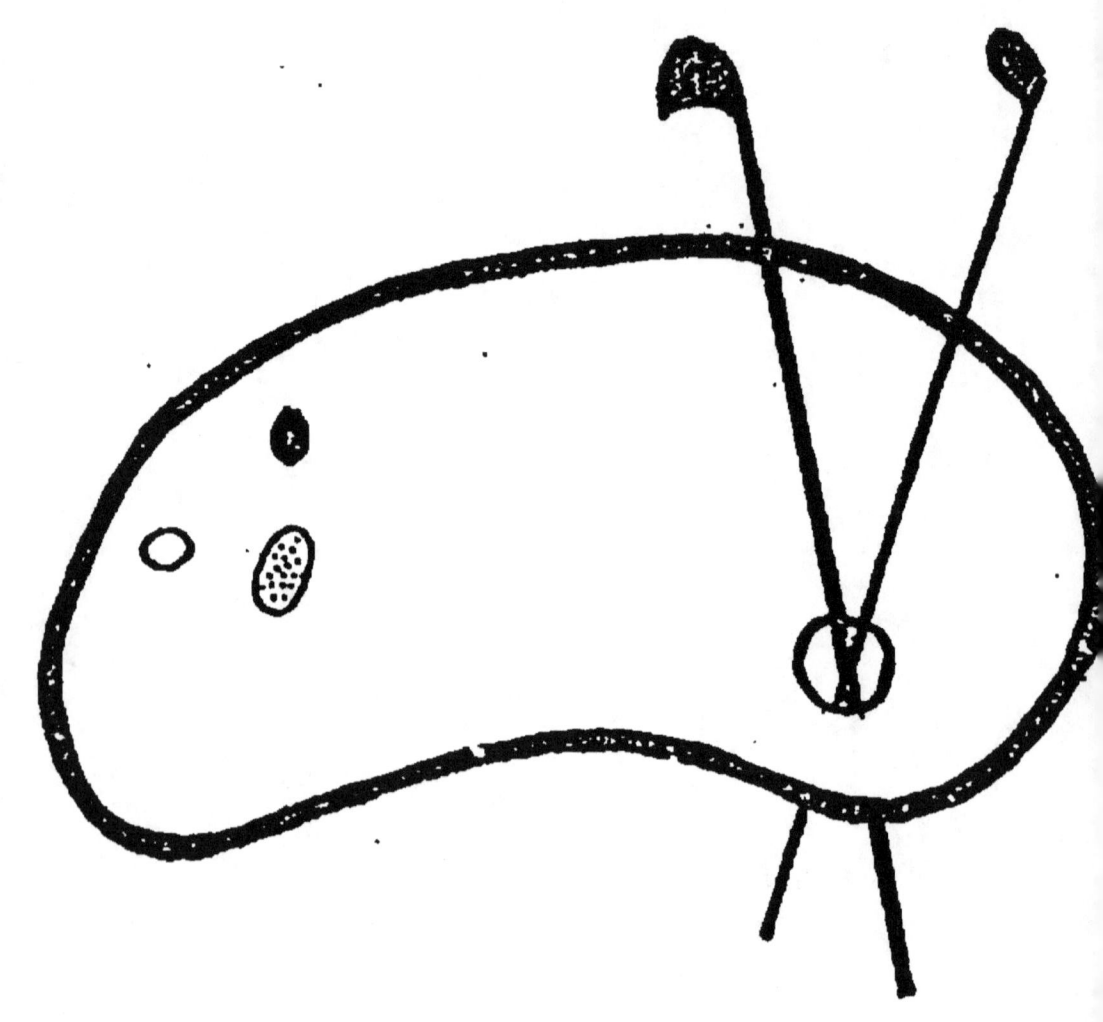

FIN D'UNE SERIE DE DOCUMENTS
EN COULEUR

LES
GENDARMES ROUGES
A LUNÉVILLE

IMPRIMERIE DE LUNÉVILLE

A Quantin, Directeur.

45, Rue Gambetta, 45.

1892

Il y aura bientôt vingt-cinq ans que la première édition de ce petit ouvrage a paru. Tirée à très peu d'exemplaires, la brochure a été bientôt épuisée. C'est pour répondre au désir de plusieurs personnes que je donne de nouveau le récit du séjour à Lunéville de ces brillants « Gendarmes rouges » qui y ont laissé de si bons et de si agréables souvenirs. J'ose espérer que ces recherches seront aussi bien reçues que la première fois. C'est donc avec plaisir que je les dédie aux anciens habitants de la ville.

A. B.

LES
GENDARMES ROUGES
A LUNÉVILLE

La mort du roi de Pologne (25 février 1766) fut un coup terrible pour la prospérité de la ville de Lunéville. La petite cour du bon Stanislas disparaît tout à coup comme emportée par la tempête, elle ne savait plus où avoir du pain. La maison militaire avait été brusquement licenciée ainsi que les pages et les cadets gentilshommes. Le Château, théâtre de tant de fêtes brillantes, avait été abandonné; on avait vendu tout ce qu'on pouvait vendre et on venait enlever furtivement le peu qui y restait. Les constructions aimées avaient été impitoyablement rasées et le Bosquet et ses dépendances n'étaient plus entretenus. Il ne restait plus de Stanislas que ses œuvres de bienfaisance dont quelques-unes ont survécu à la Révolution.

Grâce aux sollicitations de quelques personnes influentes, le roi Louis XV, malgré son égoïsme, jugea à propos de donner aux habitants de Lunéville de quoi faire oublier les pertes qu'ils éprouvaient par suite de la dispersion de la cour du roi de Pologne.

Il ordonna d'envoyer dans leurs murs la Gendarmerie de France dont les cavaliers étaient appelés ordinairement « les GENDARMES ROUGES », corps considérable, fort d'un millier d'hommes, qui marchait à la suite de la Maison du Roi, faisait brigade à l'armée avec elle et précédait tous les régiments de cavalerie du royaume, comme étant le plus ancien de l'arme. Les officiers étaient presque tous brigadiers ou colonels; les sous-officiers, capitaines et lieutenants et les simples soldats se considéraient comme sous-lieutenants et en tenaient le rang.

Les fréquents passages de ce beau régiment pendant les dernières guerres, l'avaient fait connaître aux habitants qui accueillirent avec joie l'annonce de ces brillants cavaliers, couverts des lauriers de Fontenoy, et qui devaient faire renaître chez eux la prospérité et le commerce.

Le premier détachement, fort de 300 hommes, arriva le 13 novembre 1766; deux jours après, le 15, vint le second détachement. Ce ne fut qu'au mois d'avril de l'année suivante que parurent les semestriers.

I

La Gendarmerie de France était, d'après l'*Abrégé du Militaire pour 1740*, un corps de cavalerie dont la formation remontait à l'an 725. Ses cavaliers avaient versé leur sang sur tous les champs de bataille de la Monarchie. En 1674, à Senef, à Mont-Cassel; en 1677, à Fleurus; en 1690, à Steinkerque; en 1692, à Marsaille; puis à Ramillies, à Malplaquet, à Mons, à Rocoux, à Lawfeld; en 1744, au siège de Fribourg.

Voltaire dans son poème de Fontenoy n'oublie pas de citer la valeur des Gendarmes :

Ce brillant escadron formé par cent batailles,
Lui par qui Catinat fut vainqueur à Marsailles.
Arrive, voit, combat et soutient son grand nom.
. . . .

A la bataille de Todhausen, le canon et la mousqueterie des Anglais décimèrent les Gendarmes rouges.

En campagne, ils prenaient rang avec la Maison du Roi pour monter la garde devant le logis ou la tente du souverain.

On ne doit pas confondre la Gendarmerie de France dite aussi la « Petite Gendarmerie » avec le très aristocratique corps d'élite nommé la compagnie des Gendarmes de la garde dont le roi était colonel. Il y avait 210 gentilshommes choisis formant quatre brigades. Les officiers étaient montés sur des chevaux gris. L'armement était l'épée, le pistolet et le fusil. Le capitaine-lieutenant fut longtemps le maréchal prince de Soubise. Les autres officiers étaient lieutenants généraux ou maréchaux de camp. Les cavaliers passaient à l'ancienneté brigadiers de cavalerie. Les dix anciens étaient exempts de service.

De même que les chevau-légers de la garde, ils allaient déposer leurs étendards dans la ruelle du lit royal. La devise portait : Quo jubet iratus Jupiter, allusion au grand roi. Le quartier était à l'hôtel des Gendarmes à Versailles.

L'uniforme était de couleur écarlate, doublé de velours noir aux brandebourgs, ceinturon et boutons d'or, cocarde noire, veste couleur chamois. L'équipage du cheval était aussi écarlate bordé d'or.

Ce corps aristocratique était désigné sous le nom de *Grande Gendarmerie*, *Grands Gendarmes*. Les nobles cavaliers formaient en guerre l'arrière-garde de la maison du roi. Ils eurent la douleur de se voir supprimés en 1788 par mesure d'économie ! On ne doit pas les confondre avec la *Petite Gendarmerie*, les *Petits Gendarmes*, titres qui déplaisaient beaucoup à nos Gendarmes Rouges et qu'il ne faisait pas bon prononcer devant eux. Par politesse, on les désignait avec le nom de la compagnie dans laquelle ils servaient : « M.., gendarme de la Reine ; M..., gendarme anglais ; M..., sert dans la gendarmerie. » — RICHELET.

Nous avons déjà dit que tous les gendarmes se considéraient comme sous-lieutenants, titre que leur refusaient les officiers de troupe qui ne voulaient pas les admettre avec eux. C'est ce qui donna lieu à bien des querelles. Enfin, par ordonnance du 24 février 1776, les Gendarmes Rouges eurent le rang officiel d'officiers. Les officiers des régiments n'en persistèrent pas moins à ne pas les admettre dans leur société.

De nos jours, trompés par une similitude de nom, quelques auteurs ont confondu la gendarmerie de France avec la maréchaussée. C'est une profonde erreur ; ainsi on a affublé du titre d' « officier de la maréchaussée à Bar-sur-Aube » (1) le gendarme de la Motte de la compagnie d'Artois et dont nous parlerons, le gendarme Dauphin ; Chevandier de Valdrôme, originaire du Dauphiné, entré au corps en 1782, est qualifié de « lieutenant de maréchaussée » (2), lors de son exécution à Paris le iv floréal an ii.

Le château de Lunéville où avait résidé si longtemps Stanislas, où étaient venus tant d'illustres personnages, où Voltaire avait séjourné, qui avait vu mourir le duc Léopold et dans lequel sa veuve, la bonne

---

(1) Bulletin du Bouquiniste. 1er avril 1867.

(2) M. de Lalande, chevalier de Saint-Louis, était lieutenant de maréchaussée avec le brigadier Nicolas et 4 cavaliers à Lunéville. (1788).

Elisabeth-Charlotte d'Orléans, avait gouverné comme régente le duché de Lorraine alors libre et indépendant, était donc en 1766 converti en caserne « avec un empressement qui affligeait encore toute la province, » écrivait, en 1779, Durival.

C'était le point central du casernement des compagnies de la gendarmerie. C'était là que résidaient les officiers supérieurs quand ils n'étaient pas en cour, à Paris ou en province. On en voit une petite vue peinte à l'huile au musée de Lunéville. Des gendarmes sont dans les cours; un officier en frac donne le bras à une dame ; un gendarme est en faction avec le fusil à la première grille dont la porte est surmontée des armes de la couronne de France; un valet d'écurie court après un cheval échappé, etc.

II.

A son arrivée à Lunéville, l'état-major de la Gendarmerie de France était composé d'un major, d'un aide-major et deux sous-aides-majors.

Elle était forte de dix compagnies, chacune de près de cent hommes et commandée par un capitaine-lieutenant, un sous-lieutenant, un exempt et un guidon. Par ordonnance du 5 juin 1763, chaque compagnie eut trois brigades d'escadron sous les ordres des trois premiers officiers. Puis venaient le guidon, 6 maréchaux-des-logis, 3 brigadiers, 3 sous-brigadiers, 12 appointés et 96 gendarmes avec trois trompettes dont un timbalier dans chacune des huit premières compagnies chefs d'escadron. En outre, il était établi par compagnie un chirurgien, un maréchal-ferrant (vétérinaire) ; il y avait un valet de brigade par cinq gendarmes. L'armement se composait du sabre de cavalerie, du mousquet et du pistolet d'ordonnance de 9 pouces (?) de longueur.

Le 24 février 1772, chaque compagnie forma deux demi-escadrons ; il y eut alors un capitaine-lieutenant, un premier lieutenant, un second lieutenant, un sous-lieutenant et un porte-étendard, quatre maréchaux-des-logis et six brigadiers.

Les appointés prirent le titre d'anciens et conservèrent l'autorité sur les autres.

Sur leur état, les simples gendarmes sont qualifiés de Messieurs.

Les compagnies étaient toujours sur le pied de guerre. On ne devait les honneurs militaires qu'au Roi, aux Fils de France et au Commandant en chef le corps.

Le Roi était capitaine des quatre premières compagnies dont voici la composition :

Ire GENDARMES ÉCOSSAIS

créée en 1427, pour la garde du roi Charles VII ; l'étendard de soie blanche avait un chien au pied de deux arbres et regardant un troisième. Devise : *In omni modo fidelis.*

IIe GENDARMES ANGLAIS

qui datait de 1660. L'étendard de soie blanche avec sept aiglons volant vers le soleil. Devise : *Tuus ad me nos vocat ardor.*

IIIe GENDARMES BOURGUIGNONS

créée en 1668. L'étendard de soie blanche consistait en une croix de Bourgogne flanquée de 4 petites croix.

IVe GENDARMES DE FLANDRE

établie en 1673. L'étendard de soie bleue

avec des fleurs de lis et un soleil rayonnant avec cette devise : *Nec pluribus impar,* et au-dessous : *Prisca sub sidera patrum.* Le tout frangé d'or et d'argent comme aux Bourguignons.

Ve GENDARMES DE LA REINE

créée, en 1660. La reine était capitaine. Le capitaine-lieutenant avait ses entrées chez cette princesse et chez tous les princes qui en descendaient. L'étendard portait les armes de la souveraine couronnées et accolées de palmes avec des fleurs de lis d'or sur soie rouge. Devise : *Seu pacem, seu bella gero.*

VIe GENDARMES DAUPHINS

1666. Le Dauphin capitaine, le capitaine-lieutenant avait ses entrées chez le Dauphin et chez ses fils et petits-fils. L'étendard de soie bleue avec un navire sur une mer agitée et trois dauphins jouant sur les flots. Devise : *Pericula ludus.*

VIIe GENDARMES DE BOURGOGNE

1660. L'étendard de soie bleue, un grand et un petit arbre dans la plaine. Devise : *Triumphali stipite surgit.*

VIIIe GENDARMES D'AQUITAINE

1690. L'étendard de soie bleue, une étoile éclairant les arbres. Devise : *Virtutem autore refert.*

IXe GENDARMES DU BERRY

1690. L'étendard de soie bleue avec un lion en arrêt. Devise : *Vestigia magna sequetur.*

Xe GENDARMES D'ORLÉANS

1667. L'étendard de soie blanche avec une

bombe éclatant en l'air. Devise : *Post fulmina terror*.

Les princes étaient capitaines de ces compagnies et les capitaines-lieutenants avaient leurs entrées chez eux.

Ces dix compagnies faisaient escadron avec les six compagnies de chevau-légers dites de la Reine, Dauphins, de Bourgogne, d'Aquitaine, de Berry et d'Orléans. Ces compagnies étaient commandées par un capitaine-lieutenant, un sous-lieutenant et deux cornettes.

On pouvait admettre 6 gendarmes surnuméraires ou faisant nombre par compagnie. Ils étaient sans solde, mais ils étaient les premiers à passer. (Ord. 30 juin 1778).

Chaque année la moitié de la troupe allait en semestre. Le séjour de Paris était défendu aux gendarmes. (Ord. 25 juillet 1778). Les fourriers-majors et les sous-aides-majors ne pouvaient s'absenter qu'avec une permission du ministre.

Un sous-lieutenant, un enseigne et un guidon devaient résider tour à tour un mois au corps, les capitaines-lieutenants venaient le 1er juillet, les autres officiers un mois auparavant pour assister aux grandes manœuvres. Ils restaient jusqu'au 1er septembre (Ord. du 25 février 1766).

Les principales revues étaient celles de l'inspection générale au mois de septembre et d'avril au retour des semestriers.

III.

Les grades d'officiers s'achetaient moyennant finance. Le capitaine lieutenant payait la sienne 150.000 liv.; le sous-lieutenant 100.000, l'enseigne 60.000. Les officiers touchaient journellement :

	LIV.	SOLS	DEN.
Le Commandant en chef	58	18	6
Le Capitaine-lieutenant	26	7	8
L'Aumônier	3	6	8
Le Sous-Lieutenant	15	5	6
Le Trompette	1	6	8
Le Porte-Etendard	»	94	»
Le Maréchal-des-Logis	»	88	»
Le Fourrier	»	83	»
Le Brigadier	»	41 ou 47	»
Le Gendarme	»	18	»

Le prix total des charges pour les officiers se montait à 4.280.000 livres. On retenait aux officiers pour payer la capitation, le chirurgien, le vétérinaire, etc.

Le roi donnait 20 sols par jour et par cheval.

Malgré que la solde ne fût pas très élevée, les parents cherchaient toujours à faire entrer leurs enfants dans la gendarmerie. Ils devaient s'engager à payer pour eux une pension annuelle de 600 francs ; mais combien de fois la promesse ne servait à rien et à l'aide de quelques protections, on était même affranchi de payer cette somme. La perspective d'être assimilés à des officiers devait plaire, on le conçoit, à des jeunes gens ; en outre, l'uniforme devait éblouir. Mais les places étaient rares ; les gendarmes ne quittaient pas volontiers le corps.

Voici ce que l'on retenait par an à un cavalier :

	LIV.	SOLS
Masse	5	8
Rôle	1	4
Chirurgien-major	2	»
Chirurgien de compagnie	6	»
Capitation	4	16

Masse d'habillement.......	53	2
Pansage du cheval........	36	»
Vétérinaire...............	12	»
Total.........	120 L.	30 s.

Il lui restait donc annuellement la somme de 201 liv. 10 sols.

Par ordonnance rendue à Versailles le 18 juin 1770, Louis XV répondit au vœu le plus cher des gendarmes. Pour leur montrer sa satisfaction, il fit donner des brevets de lieutenant aux fourriers; les 12 plus anciens de la compagnie passèrent appointés au lieu des 4 plus anciens par brigade. Les années de présence au corps comptaient pour l'ancienneté et pour la croix aux gendarmes promus officiers dans d'autres régiments.

IV.

D'après l'*Etat militaire de la France pour 1761*, l'habit d'ordonnance consistait en un habit, doublures et parements de couleur rouge, bordés d'argent, les boutons argentés, la veste couleur chamois bordée de même et avec semblables boutons, manches en bottes et poches en travers galonnées d'argent, cocarde noire. L'équipage du cheval aussi rouge bordé d'argent avec le chiffre du roi et des princes sous les housses bordées d'argent.

Ce costume très riche venait bien rehausser la bonne mine des cavaliers dont le costume fut encore modifié : l'habit avec les parements et les revers fut de couleur écarlate, bordés d'un galon d'argent d'un pouce de large. La veste, la doublure, la culotte, les gants couleur chamois ; les revers de l'habit garnis de six brandebourgs de galons d'argent ; les boutons argentés et timbrés d'un soleil rayonnant, le ceinturon et le chapeau bordés d'argent, la cocarde blanche, la cravate noire, les bandoulières, le porte-cartouche, les épaulettes brodées d'argent et garnies d'un galon de soie jonquille (Ecossais), violet (Anglais), vert (Bourguignons), feuille morte (Flandre), rouge ponceau (Reine), bleu céleste (Dauphins), bleu (Bourgogne), vert d'eau (Aquitaine), cramoisi (Berry) et souci (Orléans).

Le manteau de drap écarlate, le collet bordé d'argent doublé en entier de serge rouge, les parements de drap cramoisi. En 1779, les parements furent de couleur blanche ainsi que la veste, la culotte et la doublure de l'habit.

Des galons d'argent et de soie à la livrée du roi couvraient les casaques des timbaliers et des trompettes.

Les banderoles étaient de soie bleue (Ecossais, Flandre, Provence et Artois); aux armes du Roi (Anglais, Berry); comme l'étendard (Bourguignons, Reine); rouges aux armes (Orléans); toutes brodées et frangées d'or et d'argent.

Le chiffre des housses était une fleur de lis, couronnée de France (Ecossais); les lettres L. G. *(Louis le Grand)* (Anglais); croix de Bourgogne (Bourguignons); deux L (Flandre); M. R. *(Marie Reine)* (Reine); deux dauphins (Dauphins); le chiffre des princes aux autres compagnies. Le tout brodé d'argent. Les officiers et les maréchaux de logis avaient des broderies en argent.

Les brigadiers avaient trois galons aux parements et aux poches; les fourriers un aux parements avec trois agréments de même galon en forme de boutonnières.

L'ancien avait deux galons sur le parement.

Les chirurgiens étaient habillés comme dans les autres régiments.

Les commissaires portaient l'uniforme de gendarme et le frac bordé d'argent.

Les valets d'écurie étaient habillés de laine grise avec un bordé de la couleur de la compagnie ainsi qu'au bonnet d'écurie.

Le 4 avril 1781, quelques parties du costume furent encore changées. La culotte et la veste furent blanches. Les bandoulières eurent aussi une autre couleur : Blanc (Ecossais); bleu de roi (Bourguignons); jaune (Flandre); noir (Monsieur); vert (Artois).

Outre l'habit d'uniforme, les gendarmes avaient un surtout teint en écarlate; ils le portaient en congé avec la bandoulière et on le remplaçait tous les trois ans. Les timbaliers et les trompettes avaient un surtout en bouracan bleu de roi, doublé de serge rouge. Leurs chevaux devaient être à tous crins et de couleur grise. Les housses et les chaperons de l'équipage étaient bleus. Les officiers avaient aussi le surtout.

L'habit d'uniforme était remplacé tous les six ans.

En congé, le gendarme ne devait porter «aucun habit qui ne serait pas d'uniforme.» (Ord. du 18 février 1782).

En temps de guerre, les gendarmes avaient une cuirasse de fer bronzé, doublée de toile, matelassée et bordée d'un drap écarlate, festonnée, etc. Les officiers avaient les bretelles de la cuirasse de velours cramoisi.

Ils portaient tous la calotte de fer sous le chapeau. Les cheveux des gendarmes devaient être liés en queue, attachés près de la tête avec une rosette, ceux de face devaient former une boucle.

Les maréchaux de logis, sous-aides-majors et les fourriers-majors, ayant presque tous le rang de colonel ou de lieutenant-colonel, devaient avoir un cheval d'escadron. (Ord. du 5 juin 1763). (1).

V

Quelques mois après l'arrivée des gendarmes à Lunéville, parut l'ordonnance suivante :

Ordonnance du Roi portant règlement concernant l'établissement du corps de la Gendarmerie à Lunéville, le 1er avril 1767.

SA MAJESTÉ ayant reconnu que rien n'est plus contraire à l'esprit militaire des compagnies de sa gendarmerie que leur dispersion dans différents quartiers et voulant continuer de donner à ce corps des marques particulières de sa satisfaction, en considération de ses services à la guerre et des exemples éclatants de sa valeur que présente l'histoire de la monarchie, Elle a ordonné et ordonne ce qui suit :

TITRE PREMIER

DU LOGEMENT

ART. Ier. — *Distribution du Logement.* — Les dix compagnies seront réunies dans le Château et dépendances situé dans la ville de Lunéville et sa Majesté veut que la com-

---

(1) Collection d'Ordonnances et de Règlements concernant la gendarmerie, à Metz, chez J.-B. Collignon, 1779, in-8° de 248 pages.

pagnie des Gendarmes Ecossais occupe les deux ailes de la cour royale, les gendarmes Anglais et Bourguignons, les bâtiments de la première cour ; les gendarmes de Flandre le corps de bâtiment de l'ancienne Orangerie, les gendarmes de la Reine et Dauphins l'hôtel des ci-devant Cadets et les autres compagnies l'hôtel des ci-devant gardes du corps du roi de Pologne.

Art. 2. — Les capitaines-lieutenants, sous-lieutenants, enseignes et guidons seront logés dans le corps du Château, suivant leur grade et le plus commodément que faire se pourra. Il sera donné aux officiers par compagnie une salle à manger, une cuisine, un office, une cave, une écurie pour 10 chevaux et quatre remises pour les voitures.

Les autres officiers, les aumôniers, les commissaires etc. avaient également des logements au Château avec écuries et remises.

Les maréchaux-de-logis avaient deux chambres dont une de domestique ; les chirurgiens de compagnie et les brigadiers une chambre, « le plus près de leur brigade ». Il y avait trois sous-officiers chargés du détail de la compagnie. L'appointé commandait une escouade.

Quant à la troupe, les chambres étaient de deux, trois ou quatre lits selon l'emplacement. Chaque gendarme avait un lit à deux dossiers, un matelas, une paillasse, une couverture de laine, trois paires de draps, une chaise et un ratelier en bois. Toutes les chambres étaient étiquetées.

L'ordinaire se faisait dans la chambre d'un appointé qui logeait seul. Le Roi fournissait une marmite, une broche, une casserole, une poële à frire, une crémaillère, 18 assiettes, 3 plats, 1 pot à eau en faïence, une table, 8 chaises, 21 serviettes, 3 nappes, 18 torchons et une armoire « pour serrer les effets de Sa Majesté ». Le tout marqué à la lettre de la compagnie et numéroté par escouade. Le détailleur de la compagnie chargé de tout ce ménage avait aussi droit à une chambre à part.

Sur les bâtiments servant de caserne on devait lire à l'endroit le plus apparent : HOTEL DE LA GENDARMERIE avec le nom de la compagnie.

Le roi accordait 1200 livres aux capitaines-lieutenants pour leur ameublement, 500 livres aux maréchaux-des-logis, 200 aux gendarmes et 30 aux valets. Ceux-ci avaient le droit de se marier, couchaient deux par deux et montaient la garde aux écuries. Les chevaux devaient être séparés par des barres ; chaque cheval avait un espace de 3 pieds 10 pouces. On ne devait placer que pour quatre jours de fourrages sur les greniers au-dessus des écuries.

Chaque quartier avait un corps de garde; celui du Château était entre deux grilles (une de celle-ci, celle du milieu est actuellement démolie).

La prison était sous le donjon ; celle des valets à côté du poste. Les détenus payaient le geôlier.

Le Roi entretenait tous les bâtiments, pavés, barrières, écuries, chapelle (celle-ci après avoir longtemps servi de magasin, a été très bien restaurée par le commandant Trancart sous le second Empire), lampes, abreuvoirs, magasins, jardins (le Bosquet, qui était ouvert au public de 6 heures à 9 pendant l'été et de 8 heures à 5 l'hiver), la cour et son enceinte enfermée entre les deux grilles, le château, le grand canal et les murs qui sont à droite du côté de la rue d'Allemagne (d'Alsace), les caveaux d'eau, les réservoirs et les pompes à incendie. — Le commandant devait s'entendre pour les secours avec les officiers municipaux ; au premier coup de tocsin, les gendarmes devaient rentrer au quartier ; le guetteur de la ville devait tinter seulement et ne marquer aucun coup pour les quartiers de la gendarmerie.

Un garde-magasin et un architecte surveillaient tous les bâtiments dont les concierges portaient la livrée royale.

L'article 10 de l'ordonnance royale disait qu'il sera réservé au château une salle pour servir de salle de conseil pour les assemblées de l'administration et pour les conseils de guerre. Il y aura dans cette salle une armoire où seront placés tous les procès-verbaux d'assemblée, comptes-rendus, règlements, ordonnances concernant la gendarmerie. Cette salle doit être celle dite des Trophées, qui d'après le *Journal de la Meurthe* de 1801, avait 15 mètres de long, 10 m. 60 de large et 5 m. 33 de hauteur.

Les autres bâtiments affectés aux gendarmes étaient :

1° L'Orangerie, caserne qui, d'après le docteur Saucerotte, avait les salles petites et basses et donnant au nord sur un chemin boueux.

2° Les ci-devant Cadets (entre les ponts, la rue se nommait jadis rue Saint-André), bâtiment affecté jadis aux Cadets gentilshommes du roi de Pologne. Les salles du second étage étaient peu élevées et séparées par des cloisons démolies vers 1810. Sous la République et sous l'Empire, cette caserne servit de dépôt aux prisonniers Russes et Autrichiens.

3° Les ci-devant Gardes du Corps, place des Carmes. Le second étage était disposé comme ceux des autres bâtiments. Le docteur Saucerotte a jugé sévèrement ce quartier.

4° L'ancien hôtel des remises du roi, sur la place du Château, en face de celui-ci. Le piquet de jour s'y tenait. De nos jours, c'est une caserne où il y a le poste de la place.

5° L'hôpital (1) situé à la Fourrière, l'ancien dépôt de bois de la cour du roi de Pologne. Le commissaire de gendarmerie en avait la police et un maréchal-des-logis était chargé du détail. Nous en reparlerons.

Il y avait en outre des salles pour les ouvriers. Le sellier Velu dit le Chevalier et l'armurier Dittié se fixèrent à Lunéville après le licenciement. En 1791. Dittié était notable et demeurait rue d'Allemagne.

Vers 1786, on commença pour les gendarmes un magnifique manège, dont le plan et le dessin de la charpente sont déposés à la Bibliothèque de la ville. Il est derrière le quartier des Gardes du Corps et passait pour être le plus beau de l'Europe. Deux cents cavaliers pouvaient y manœuvrer aisément. Il fut construit sur les dessins de l'ingénieur Lecreux par les entrepreneurs André et Pierson.

Les magasins de fourrages étaient, comme de nos jours, rue de Viller. Sur la porte du premier on lit encore (1870) ces mots : MAGAZIN DES GENDARMES ECOSSOIS.

---

(1) Topographie médicale, 1834, 27. — Lunéville et sa division de cavalerie, 1858, 35.

Ils étaient bâtis l'un derrière l'autre et chacun portait le nom de la compagnie à laquelle il était affecté.

Un autre magasin se trouvait sur l'emplacement de l'école des frères de la rue Trouillet. On y voyait une croix et une inscription, indiquant où tomba sans vie un gendarme. S'étant pris de querelle avec un de ses camarades, ils se chargèrent avec une telle fureur, malgré les efforts de leurs camarades stupéfaits, que l'un fut blessé et l'autre tué. L'inscription a disparu lors du percement de la rue.

L'ordonnance royale du 1er avril 1767 contenait cinq titres, le second était relatif aux manèges, écuries, magasins, corps de garde, prison (1), hôpital (2), salle du conseil, chapelle, etc. Le titre troisième règle l'ameublement et les fournitures ; le quatrième, les ustensiles pour l'entretien, et le dernier titre roule sur le service des commissaires.

L'ordonnance se termine ainsi :

« Mande Sa Majesté aux capitaines lieutenants des compagnies et, en leur absence, à ceux qui commandent, au major inspecteur, aux commissaires des guerres dudit corps, de tenir la main à l'exécution de la présente ordonnance. »

Fait à Compiègne, le.....

Signé : Louis.

Et plus bas : Le duc de Choiseul.

---

(1) La prison des 42 marches est célèbre ; la température est celle des caves.

(2) Les sources de Chanteheux fournissent l'eau aux casernes.

VI

Voici quelques articles d'un règlement signé par le commandant en chef et intitulé : *Devoirs d'un gendarme* (1).

Aux prescriptions communes à l'armée, il y en a de spéciales au corps :

« La conduite d'un gendarme doit être irréprochable, il doit se comporter en toute circonstance en brave militaire et avec la décence d'un homme bien né, se doit à lui-même et à son état.....

« Aucun gendarme ne peut aller au cabaret.....

« Il a été établi deux cafés et des billards pour les gendarmes ; il est défendu, sous peine de trois mois de prison, d'aller dans d'autres débits. Un gendarme ne pourra jouer au-dessus de 12 sols et les parties de poule ne pourront être que de 6 sols en sus des frais.

« L'entrée des chambres est interdite aux gens mal famés et aux juifs. Il est défendu de faire aucune affaire avec ces derniers et de leur parler même dans la rue. »

Il y avait défense d'avoir des chambres en ville, de donner le bras en plein jour à des filles entretenues, de se promener dans les vignes quand le raisin commence à mûrir.....

On punissait de prison et de retenue de solde, les semestriers qui rentraient en retard. L'ordonnance du 25 juillet 1773 avait permis de changer le tour des semestres.

---

(1) Ce règlement a paru dans les *Petites Affiches de Lunéville*, n° du 30 août 1856. Il est intitulé : « Une page de l'histoire de Lunéville. Les gendarmes rouges. » — Excellent article dans lequel nous avons beaucoup puisé.

Ceux qui n'étaient pas assez instruits dans les manœuvres en étaient privés. Les gendarmes devaient être de force supérieure dans l'équitation, aux exercices de cavalerie et dans « le tiré des armes ».

« J'étais cornette de dragons avant d'être dans la gendarmerie, je puis assurer que c'est dans ce corps qu'on m'a montré les véritables principes de l'équitation », dit le chevalier d'Isnard dans sa brochure intitulée : « La Gendarmerie de France, son origine, son rang, ses prérogatives et son service ». (Strasbourg, 1781, in-8°, 86 p. p.) (1)

Lors des grandes manœuvres, les régiments français envoyaient des officiers pour y assister et les souverains étrangers ne manquaient pas d'y avoir des représentants.

Le champ de manœuvres était un des plus vastes du royaume. On l'avait successivement augmenté avec les plantations faites par le roi Stanislas et en 1801, on y travaillait encore.

Les gendarmes avaient leur libraire, c'était Chenoux ; ils avaient un cabinet littéraire et tous les ans paraissait l' « ALMANACH OU ETAT DE LA GENDARMERIE », à Lunéville, chez Messuy, imprimeur du Roi et de la Gendarmerie, plaquette dans laquelle on trouve une masse de règlements, ainsi que les noms des officiers et des gendarmes rangés par ancienneté et par compagnie.

C'était la gendarmerie qui faisait aller le Spectacle de Lunéville. Les cavaliers en étaient les hôtes assidus. Ils occupaient l'emplacement réservé aujourd'hui aux

---

(1) Une gravure représente un gendarme à cheval. Au bas à gauche : « Le chevalier d'Isnard, incisit. » L'ouvrage est dédié au maréchal de Castries, commandant en chef le corps.

stalles, au parquet et au parterre. Les artistes de Nancy venaient pendant l'été donner des représentations qui étaient très suivies. La jolie petite salle avait été construite par le bon duc Léopold.

VII

On a vu plus haut que les gendarmes étaient assez pointilleux, leur position singulière quant au rang qu'ils réclamaient les exposait à chaque instant à mettre l'épée à la main. Parmi eux se trouvaient des fils de riches bourgeois, qui, selon les idées du temps, ne croyaient plus à la noblesse du sang. Entr'autres régiments qui aimaient le plus à fronder les gendarmes, était le régiment du Roi, infanterie, corps d'élite, en garnison à Nancy. Les officiers étaient tous de bonne noblesse et le colonel était le duc du Chatelet, le fils de la divine Emélie, l'amie de Voltaire, morte à Lunéville. Il fut une des causes premières de la réussite de la Révolution à Paris, en détachant complètement le fidèle régiment des Gardes françaises de la cause royale, par son orgueil, ses manières hautaines et son engouement de la discipline prussienne. Le régiment du Roi se révolta aussi et malgré que le duc n'en fût plus colonel, ce fut son mauvais commandement qui amena cette malheureuse « Affaire de Nancy » en 1790. Dans tous les cas, le régiment était depuis de longues années en garnison dans la capitale du duché de Lorraine et les officiers, excités aussi à mal par un mauvais chef, ne savaient que faire pour passer leur mauvaise humeur. Les prétentions des gendarmes furent le sujet perpétuel de leur risée et le long voisinage de garnison n'aboutit entre les deux corps à aucun rapprochement.

Au contraire, plus ils étaient voisins, plus ils cherchaient à se jouer quelque mauvais tour, qui finissait toujours par des appels sur le terrain.

Parmi les jeunes gendarmes que l'on voyait à Lunéville, en 1774, était le futur auteur de l'*Enfant du Carnaval*. G. C. A. Pigault-Lebrun, un des plus féconds romanciers du temps, né au bourg de Sangatte, près de Calais, en 1752, fut forcé par son père de s'engager dans les Gendarmes Anglais, dont le capitaine-lieutenant, M d'Autichamp, devait avoir soin de lui. Il avait alors 21 ans, était brave, bien fait, toujours de joyeuse humeur et ne reculant pas plus devant une partie de plaisir que devant un coup d'épée. Quelques jours après son arrivée, ses camarades voulurent le tâter comme nouveau venu ; il alla sur le terrain et fut blessé deux fois, et, d'après l'auteur des *Mémoires de sa Vie*, en profita pour donner à ses camarades un festin chimérique qui fut payé, séance tenante, au malheureux aubergiste par un testament digne du futur auteur des *Hussards de Felsheim*. Cette affaire le fit connaître de tout le corps et malgré sa jeunesse, il devint l'âme de toutes les joyeuses équipées, ce qui ne l'empêcha pas de rentrer chez lui, lors du licenciement de 1776, avec dix coups d'épée reçus et un redoublement de bonne humeur. On le vit tour à tour commis-négociant, acteur, auteur dramatique, lecteur du roi de Westphalie Jérôme et inspecteur des salines sous la Restauration. En 1815, il alla voir à Paris son ancien protecteur, M. d'Autichamp, mais le grand seigneur, effrayé de la réputation littéraire de son ancien protégé, ne voulut pas le recevoir. Pigault-Lebrun mourut à Celles, à l'âge de 82 ans.

En 1774, il fut donc l'âme de l'une des plus sanglantes querelles. Ce fut avec les officiers du régiment du Roi. Les Gendarmes apprirent que ces messieurs devaient donner un bal; ils résolurent d'y aller, bien qu'ils ne fussent pas invités. Ils partirent donc une douzaine en grande tenue. Avertis de cette équipée, les officiers du régiment du Roi les firent prévenir qu'ils ne pouvaient les admettre. — « Nous en sommes désolés, répondit Pigault, nous espérons être toutefois plus heureux de notre côté en recevant ces messieurs. »

En effet, les gendarmes entrèrent presque de vive force dans la salle du bal et en firent les honneurs avec un sang-froid imperturbable, à la grande stupéfaction de leurs adversaires. Les danses ne commençant pas, un des officiers s'élança sur la tribune des musiciens et après avoir averti les dames que les gendarmes ne devaient pas être admis, il les pria de ne pas salir leurs jolies mains par le contact de ces « gentilshommes à six cents livres. »

Pigault-Lebrun, à cette sortie méritée et au milieu des éclats de rire des Nancéiens, ne perdit pas la tête et prenant la place du précédent orateur, il déclara que par respect pour leur uniforme, il ne serait pas dit qu'ils n'auraient pas dansé et, faisant allusion à ce qu'avait dit l'officier du Régiment du Roi, il demanda si ses adversaires seraient disposés à se trouver avec eux au point du jour. Il descendit à ces mots et s'empressa d'inviter une dame. Il reçut un refus très sec ainsi que ses camarades. L'orchestre continuait de jouer et personne ne dansait. L'honneur du corps était compromis; l'orage allait éclater. Les gens sages parlaient de se retirer, lorsqu'on vit paraître, en grand uniforme, M. d'Autichamp, commandant en second. Instruit de l'équipée de ses cavaliers, il venait chercher à apaiser une querelle de corps, toujours déplorable, mais il venait trop tard. D'un coup d'œil, il vit ce qu'il avait à faire.

« Messieurs, dit-il aux officiers du Régiment du Roi, veuillez m'excuser si je me présente sans invitation à votre fête ; je ne pense pas qu'il y en ait beaucoup parmi vous qui puissent se croire de meilleure maison que moi et je ne suis pas d'humeur qu'il soit fait affront à l'uniforme que je m'honore de porter, je danserai donc à votre bal pour l'honneur du corps : quelqu'un de vous, messieurs, prétendrait-il s'y opposer ? »

Cela dit, prenant une danseuse, il ouvre le bal. Puis, passant près des gendarmes ébahis de voir un de leurs colonels prendre leur parti, il leur demande s'ils sont satisfaits et leur ordonne de se rendre aux arrêts à Lunéville.

Pigault et ses amis quittèrent le bal; mais ils restèrent à Nancy et dès que les portes en furent ouvertes, ils se trouvèrent en présence de douze officiers du Régiment du Roi.

Le combat fut terrible. Deux officiers furent tués; Pigault reçut trois coups d'épée, ses camarades furent plus ou moins blessés.

Il fallut pour faire cesser le combat que le marquis d'Autichamp parût avec le colonel du Régiment du Roi. Ils déclarèrent l'honneur satisfait et ordonnèrent aux combattants de se retirer.

Cette sanglante aventure ne fut pas oubliée par les deux régiments. A chaque instant, il y eut des duels entre les officiers et les gendarmes, et, cependant, en 1786, douze officiers du Régiment du Roi étaient officiers supérieurs dans la Gendarmerie, par suite de changement de corps.

Comme on le pense, les brocards continuèrent de plus belle. Un jour, les gendarmes ne pouvant se venger sur les officiers du régiment du Roi qui n'étaient pas présents, s'en prirent à une malheureuse femme qui, il est vrai, les avait grièvement insultés. Voici comment les mémoires du temps (*La Chronique scandaleuse*. Paris. 1791. III, 52.) racontent l'aventure :

« On écrit de Lunéville qu'il s'est passé dans cette ville un événement bien fâcheux. Quelques officiers du régiment du Roi, qui est en garnison à Nancy, avaient fait une chasse qui n'avait pas réussi. Une actrice de la Comédie Française, nommée Mlle Durancy, était de la partie, et, comme cette comédienne vient avec sa troupe jouer assez souvent à Lunéville, où la Gendarmerie est en garnison, elle a tenu un propos assez inconsidéré sur les gendarmes en disant que si on en avait pris deux ou trois cents pour faire des traqueurs, la chasse aurait été plus heureuse. Ce propos est revenu aux gendarmes qui ont juré de s'en venger. En conséquence, l'actrice étant venue comme d'ordinaire à Lunéville, ils l'ont saisie, lui ont arraché les oreilles et lui ont fait toutes sortes d'indignités. Le comte d'Herculais, brigadier, capitaine-lieutenant de la compagnie des Bourguignons, commandant alors la Gendarmerie, instruit de ce fait et de la chaleur que les gendarmes montraient, leur a ordonné d'être tous rendus à leur quartier à onze heures du soir. Ils n'ont tenu aucun compte de cet ordre et ne s'étant présentés qu'à une heure après minuit, ils ont trouvé des gardes qui leur ont refusé l'entrée du quartier. Ils ont foncé, l'épée à la main, sur les gardes et les ont forcés. M. d'Herculais est arrivé à la tête des officiers ; un gendarme s'est avancé à la tête de quelques-autres et a harangué le commandant en termes peu mesurés. Les têtes se sont échauffées au point que sans un gendarme plein de bravoure et de sang-froid, qui s'est mis à la traverse, l'affaire serait devenue sanglante. Sur le compte-rendu au roi de cet acte d'insubordination, S. M. a ordonné provisoirement que quatre gendarmes par compagnie seraient cassés et dix mis à la citadelle à Nancy. Le harangueur a été arrêté et son affaire sera, dit-on, la matière d'un Conseil de guerre. »

Les gendarmes étaient généralement des cavaliers soumis et respectueux. Ces petites révoltes sont très rares et sont l'exception ; elles s'expliquent par une juste susceptibilité.

Lorsque la population de Lunéville fit du tapage, le 2 mai 1771 à cause de la cherté du pain (la miche de 16 livres coûtait 48 sols), elle brisa les fenêtres d'un boulanger, rue des Loups (Traversière) ; le tumulte ne cessa que lorsqu'un détachement de gendarmes parut, sabre au clair. Les cinq cavaliers de la Maréchaussée vinrent ensuite faire la police et les gendarmes se retirèrent. Le 7 juin, la révolte recommença et quelques mauvais sujets commencèrent à casser les vitres du prévôt.

Les gendarmes et la Maréchaussée reparurent calmes et menaçants et dispersèrent les rassemblements à coups de plat de sabre et d'épée. Un officier de gendarmerie cassa sa canne sur le dos d'un des plus mutins.

Des patrouilles de gendarmes ne laissaient passer personne rue Banaudon. (GUERRIER, 2ᵉ édition, p. 78.)

VIII

La Gendarmerie fut visitée par tous les souverains qui passèrent à Lunéville.

Le 14 décembre 1768, elle manœuvra devant le roi de Danemark, Christian VII.

L'infortunée Marie-Antoinette, alors Dauphine, arriva vers 6 heures du soir, venant de Strasbourg, le 9 mai 1770 ; elle s'arrêta un instant au Point-du-Jour. Les gendarmes l'escortèrent jusqu'à Saint-Nicolas.

La même année, le marquis d'Autichamp, écuyer du prince de Condé, reçut ce prince et lui donna une fête au Trèfle, pavillon vis à-vis le Rocher.

Ce prince revint pendant l'été de l'année 1787 avec son fils, le duc de Bourbon, dont la fin fut si tragique. M. d'Autichamp fit camper les gendarmes avec armes et bagages sur la droite de la route de Vic, entre les Glacières et Jolivet, dans un fond ; le front du camp faisant face à Bonviller. Les princes arrivèrent, passèrent la revue du camp, puis reprirent la route de Lunéville. Dans l'espace de cinq minutes, le camp était levé et tous les escadrons que les princes venaient de voir derrière eux, étaient devant leurs yeux, rangés en bataille de chaque côté de la route. Le prince de Condé ne pouvait revenir de sa surprise, dit M. Guerrier.

Dix ans auparavant, l'empereur Joseph arriva à Lunéville, le 13 août 1777. Rien n'égalait la simplicité du césar allemand. Il assista à quelques évolutions de cavalerie qui furent commandées par M. Diettmann, sous-aide-major avec rang de colonel (c'était le dernier officier de l'état-major général). L'empereur parut content des exercices du corps, félicita M. Diettmann et lui proposa, dit-on, de venir dans ses Etats. Joseph portait un simple habit bleu sans ornements; il quitta Lunéville après avoir vu avec tristesse le château de ses ancêtres habité par de simples cavaliers.

Le dimanche 10 avril 1783, au soir, *Monsieur*, frère du Roi, arriva à Lunéville et y resta quelques jours. Il passa la revue du corps et il se déclara très satisfait. Il est à remarquer que les gendarmes n'étaient inspectés que par leur commandant en chef; les princes seuls avaient le droit de les faire manœuvrer.

Le frère de l'empereur, l'archiduc Maximilien, archevêque-électeur de Cologne, était passé à Lunéville le 4 mars 1775.

Monsieur revint encore en 1787. Peu de temps après, le corps fut licencié. Ce fut donc une visite de l'auteur de la Charte, de l'ennemi de la reine, qui termina les splendides revues du corps à Lunéville.

Un mot sur quelques-uns des chefs de la Gendarmerie :

1° Le comte de Mailly, depuis maréchal de France et mort sur l'échafaud, avait cédé en 1763, avec l'agrément du roi, le commandement des Gendarmes Ecossais à son fils, le marquis de Mailly d'Haucourt, né en 1744, depuis duc de Mailly en 1777 et gouverneur d'Abbeville, qui émigra en 1791, étant maréchal de camp, et mourut en 1794, ne laissant pas d'enfants, après avoir été marié deux fois.

2° En 1770, le duc de Mailly fut remplacé aux Ecossais par un vieux militaire, qui eut le commandement et l'inspection du corps.

Charles-Eugène-Gabriel de la Croix, marquis de Castries, né en 1727, couvert de blessures, qui s'était distingué dans les guerres d'Allemagne, lieutenant-général, mestre de camp général de la cavalerie, chevalier des ordres du roi, gouverneur des provinces de Flandre et de Hainaut, depuis duc de Castries, ministre de la marine en 1780 et maréchal de France en 1783. Il laissa toute la charge du commandement à M. d'Autichamp, qui était un des meilleurs généraux de cavalerie du royaume.

En 1777, la duchesse de Polignac et sa belle-sœur, la comtesse de Polastron, passant à Lunéville, le duc de Castries et le marquis d'Autichamp leur donnèrent une fête magnifique qui se termina par des manœuvres de la Gendarmerie.

Le maréchal de Castries ne put empêcher le licenciement ; il émigra un des premiers et on le vit volontaire, malgré son grand âge, en 1792 à la campagne de France. Il se retira ensuite chez le duc de Brunswick ; il mourut au château de Wolfenbuttel le 25 février 1804, étant sur le point de rentrer en France où il aurait été bien accueilli par le premier Consul, juste appréciateur de la vertu militaire. Il avait débuté dans la carrière des armes par être capitaine du Régiment du Roi.

4° Son fils, le duc de Castries, fut nommé, en 1785, capitaine des Gendarmes Anglais, commandant en second le corps ; il fit la campagne d'Amérique, fut nommé chevalier de l'ordre de Cincinnatus et devint brigadier. Il émigra ; il fut pair de France le 4 juin 1814 (1).

---

(1) Il fut élu député de la noblesse pour le vicomté de Paris en 1789 ; ayant blessé en duel

5° Le comte de la Croix de Castries, lieutenant-colonel, sous-lieutenant aux Ecossais, devint, en 1815, colonel de la garde à cheval de Paris (1).

6° Le marquis d'Autichamp, Jean-Thérèse-Louis de Beaumont, né en 1738 au château d'Angers, en Dauphiné, d'un père qui fut tué à la bataille de Lawfeld, entra à 11 ans dans le Régiment du Roi. En 1757, il était aide-de-camp du maréchal de Broglie; en 1762, colonel du régiment des dragons de son nom; il se distingua dans les guerres d'Allemagne. Brigadier en 1770, il fut nommé commandant en second de la Gendarmerie. Il resta à Lunéville près de 15 ans et tous les militaires de ce temps se souvenaient comme il faisait manœuvrer les gendarmes De tous les pays, on venait l'admirer, car il passait pour le premier officier de cavalerie qu'eût la France. En 1779, il reçut le Cordon rouge; puis, en 1780, fut fait maréchal de camp et gouverneur de Longwy. Il émigra, servit en Russie où on le vit commander un corps de 30.000 hommes. Rentré en 1814, il fut nommé gouverneur à Toulouse et pair de France.

Dès qu'il eut le commandement de la

---

le comte Charles de Lameth, le peuple, furieux, prit parti pour ce dernier. L'hôtel de Castries fut entièrement saccagé; le duc ne jugea plus prudent de résider à Paris. Il leva plus tard un corps d'armée contre son pays. Il ne rentra en France qu'en 1814. Gouverneur de Rouen, il tenta vainement de résister à Napoléon; il dut abandonner la ville. C'était l'aïeul de la maréchale duchesse de Magenta.

(1) Les de la Croix de Castries, originaires du Languedoc, portaient « d'azur à la croix d'or ».

Gendarmerie, la discipline devint plus sévère. En revanche, les cavaliers furent mieux traités, l'ordinaire fut bonifié et un cuisinier fut attaché à chaque compagnie.

Le 22 juillet 1777, il perdit un pari de 500 louis contre le vicomte de Montmorency-Laval, neveu de l'évêque de Metz, qui alla, à cheval, de Nancy à Lunéville et en revint dans l'espace de deux heures moins neuf minutes.

7° Le comte de Foudras fut fait maréchal de camp. Il devint maire de Demigny (Saône-et-Loire) il fut chargé de haranguer l'empereur en 1810 ; ce qui ne l'empêcha pas d'avoir la croix de Saint-Louis en 1814.

8° Le comte Louis de Narbonne, l'ami de M{{me}} de Staël, avait été sous-lieutenant à Dauphin ; il fut ministre de la guerre sous Louis XVI. Napoléon le prit pour aide de camp. Il mourut à Torgau dont il était gouverneur en 1813, victime de son zèle à soigner les soldats atteints du typhus

9° Le comte d'Houdetot, gentilhomme normand, capitaine aux Bourguignons, fut le mari de l'amie de Jean-Jacques et de Saint-Lambert.

10° Le chevalier de Contades avait été lieutenant aux Anglais.

11° On raconte une plaisante anecdote sur le comte de Nédonchel, en 1787 capitaine-lieutenant des gendarmes d'Artois, chevalier de Saint-Louis et brigadier de cavalerie. C'était un anglomane déterminé.

En 1774, il était à cheval à la portière du carrosse du roi allant à Choisy ; il trottait dans la boue et éclaboussait Louis XV, qui, mettant la tête à la portière, lui dit ; Voilà un trait d'anglomanie qui est un peu fort (1)

---

(1) Paris, Versailles et les Provinces au XVIII{{e}} siècle. Paris, 1811. II. 288.

12° Le comte de Maulevrier, guidon de Flandre, fut le maître de Stofflet, l'héroïque général vendéen. Le garde-chasse devenu chef d'une armée en Anjou, stipula avec les généraux républicains la main levée des biens sequestrés du comte, dans la province (1).

13° En 1787, le major du corps était le brigadier de cavalerie, chevalier de Saint-Louis, Louis-Auguste Jouvenel des Ursins, comte d'Harville, qui servit d'abord dans les Carabiniers, puis en 1783, lieutenant des gendarmes d'Artois, avec le rang de colonel, enfin capitaine-lieutenant de la Reine. Il fit les guerres de la République, devint lieutenant-général, premier écuyer de l'impératrice Joséphine, titulaire de la riche sénatorerie de Turin ; pair de France le 4 juin 1814, il mourut le 8 mai 1815, à l'âge de 66 ans.

Les gendarmes, quand même ils adoptèrent les principes de la Révolution, eurent toujours une conduite des plus modérées. Beaucoup d'entre eux s'étaient fait inscrire comme *otages du roi Louis XVI*. C'était un grand acte de courage, et cet acte leur fait un grand honneur.

Au licenciement, M. Diettmann était sous

---

(1) Nicolas Stofflet est né à Bathelémont-les-Bauzemont en 1751 et mourut fusillé à Angers, le 23 février 1796.

Le comte de Colbert-Maulevrier le vit un jour à une chasse chez le comte de Monthureux, à Arracourt, il le prit à son service, en fit son garde-chasse dans ses terres d'Anjou, puis son lieutenant dans la guerre de Vendée. A la mort de son maître, il fut nommé chef des Vendéens et c'est ainsi qu'un Lorrain fut transplanté à l'autre extrémité de la France et prit part à nos guerres civiles.

aide-major, chevalier de Saint-Louis ; il avait été gendarme en 1760, puis en 1773, fourrier-major, et porte-étendard en 1776. On le voit en 1792 général de division, commandant la cavalerie aux lignes de Wissembourg.

Son fils, devenu aussi général, conserva toujours son domicile politique à Lunéville où il était né.

Dans une lettre à la *Chronique de l'Ouest*, au mois de juin 1868, le célèbre romancier Ponson de Terrail déclare que ses deux grands pères furent l'un garde du corps, l'autre gendarme de la Reine, tous les deux chevaliers de Saint-Louis ; « ils m'ont élevé dans la haine de la Montagne », dit le prolifique vicomte.

IX

Mais parlons un peu du comte de la Motte (Marc-Antoine).

Grâce au marquis de Castries, ce coquin avait été admis dans le corps à l'âge de 15 ans (Bourguignons). Il avait été recommandé par un officier, M. de la Barthe (1) aux bons soins d'un vieux gendarme nommé Mariolle, dont il parle avec reconnaissance dans ses Mémoires.

Son jeune âge n'empêcha pas qu'on ne le brimât. Aussi ne sortait-il qu'avec ses bottes à éperons. Un jour, à dîner, à leur table habituelle de douze couverts de la 1re brigade, un de ses voisins jugea plaisant de l'étendre tout de son long au milieu des verres et des plats. Il se remua tellement qu'il fit une profonde blessure au mauvais plaisant et l'ayant forcé après à lui rendre

---

(1) Sous-aide-major, rang de colonel (1772).

raison, il le blessa grièvement (1). Cette action et l'intervention de son protecteur, M. de la Barthe, empêchèrent de nouvelles vexations. Agile dans tous les exercices du corps, grand et bien fait, mais laid et criblé de dettes, il était un des meilleurs cavaliers de sa compagnie. Les trois cents francs par an que lui faisait une de ses tantes ne pouvaient lui suffire. Il aurait peut-être toujours végété à Lunéville, si dans un de ses congés, passé dans son pays, il n'avait courtisé chez sa parente, à Bar-sur-Aube, Mademoiselle de Valois, alors âgée de 24 ans En 1780, il demanda un second congé pour l'épouser. Il avait alors douze ans de présence au corps. Sa femme vint habiter Lunéville avec lui ; elle n'y a laissé aucun souvenir, mais les idées de grandeur qui hantaient déjà sa tête ne purent voir son mari remplir les fonctions de simple cavalier. Profitant de l'offre du marquis de Castries, nommé ministre de la marine, de les aider à chercher fortune à Paris, elle engagea son mari à demander un troisième congé. Le marquis d'Autichamp refusa poliment la demande, sous prétexte des deux déjà obtenus.

Par contre, il offrit galamment de conduire lui-même en chaise de poste la comtesse à Paris et de la présenter à Versailles à des personnes influentes. La Motte, blessé de cette offre singulière, poursuivi en outre par de nombreux créanciers, donna sa démission et gagna avec sa femme Strasbourg, dans un cabriolet acheté à Lunéville et qui ne fut jamais payé De Strasbourg, il alla, en 1781, à Paris, où il fut admis

---

(1) Mémoires inédits du comte de la Motte, par L. Lacour. — Mémoires du comte Beugnot.

comme surnuméraire dans les gardes du corps du comte d'Artois. Dès le mois de septembre de la même année, la comtesse se faisait présenter au cardinal de Rohan et la machiavélique affaire du Collier commençait. Un nommé Reteaux de Villette, ex-gendarme d'Orléans, y joua un assez vilain rôle; ce fut lui qui contrefit l'écriture de la Reine et qui, déguisé en valet de pied de la malheureuse Marie-Antoinette, reçut des mains du cardinal la fameuse cassette. Dès que La Motte eut celle-ci en sa possession, il courut à Londres vendre une partie du contenu et il attendit les événements, étant en sûreté chez la perfide Albion. Il fut condamné bien justement à la marque et aux galères; sa femme fut aussi marquée et enfermée à la Salpêtrière. Quant à Reteaux, arrêté à Genève, il en fut quitte pour le bannissement perpétuel.

Vers cette époque, une autre affaire avait aussi longtemps occupé Lunéville. Un gendarme poussé par une haine violente contre un de ses camarades, l'avait accusé de lui avoir volé des galons d'argent. Il le fit décréter et mettre en prison. Mais le malheureux accusé parvint à se disculper et, après une longue procédure, fut mis en liberté, ainsi qu'un pauvre juif auquel il avait vendu des galons, et le calomniateur fut honteusement chassé du corps.

Au moment où La Motte était à Lunéville, une inondation terrible survint dans la nuit du 25 au 26 octobre 1778. Les eaux de la Vezouze emportèrent le pont des Carmes en partie et le mur de la Gendarmerie qui donnait sur la rivière. Sans le factionnaire qui entendit le bruit et réveilla l'escadron, les gendarmes qui couchaient dans cette partie de la caserne auraient été entraînés et noyés. La plupart se sauvèrent en chemise ; l'un d'eux voulant prendre ses habits sur sa chaise, vit celle-ci et tout ce qui était dessus rouler dans la Vezouze. Plusieurs perdirent leurs armoires, leurs lits, leurs armes, leur argent, leur linge, etc.

Quatre ans auparavant, le 28 juin 1774, les gendarmes méritèrent la reconnaissance des habitants (GUERRIER, p. 85) en combattant vigoureusement le feu chez le fabricant de papiers Lhotte.

X

Les dépenses excessives des derniers règnes forcèrent, en 1776, à une économie sévère. Louis XVI se décida à supprimer plusieurs régiments. Mais grâce aux prières du commandant en chef de la Gendarmerie, M. de Castries, le corps ne souffrit pas beaucoup. L'ordonnance du 24 février de cette année supprimo les 9e et 10e compagnies, celles de Berry et d'Orléans; les gendarmes furent incorporés dans les huit autres. Une fois imprimée et distribuée aux membres de la famille royale, l'ordonnance fut retirée par trois fois. C'était l'aventureux comte de Saint-Germain qui était ministre de la guerre. Le comte d'Artois refusa de rendre son exemplaire, voulant, disait-il gaiement, le collationner avec le quatrième qui allait paraître. Le ministre fut obligé de changer tout son projet de réforme. La position menacée de la gendarmerie y gagna. Le gendarme qui n'avait jamais été reconnu comme officier par la troupe, fut définitivement assimilé à ce grade. Louis Seize lui accordait, dès son entrée au corps, le rang et les prérogatives de sous-lieutenant. Mais la solde n'était pas augmentée, elle était cependant bien faible, comme on l'a vu.

Il est vrai que les gendarmes devaient justifier d'une rente de 600 livres, mais combien fournissaient de faux certificats de rentes imaginaires !

L'ordonnance royale donna lieu à la lettre plaisante que voici :

Lettre d'un gentilhomme de province à M. le comte de Saint-Germain, ministre de la guerre (1).

Monsieur le Comte,

J'étais navré de douleur en voyant revenir mon fils, sans état, sans décoration, après avoir eu l'honneur de servir le Roi dans ses Mousquetaires pendant 19 ans, ne désirant que continuer et réformé sans pitié ! Je me disposais à vous porter mes plaintes, lorsque mon fermier est venu me prier de lui faire un remerciement pour vous, il m'apprend que son fils, petit gendarme, a le grade d'officier. J'admire actuellement votre sagesse. Je vois qu'il ne faut murmurer de rien, qu'en attendant l'on découvre la profondeur de vos vues, et que si le Roi perd un officier d'un côté, il en retrouve quatre de l'autre. Je consens à ce prix à mon mal particulier, dès que le bien général en résulte. Je dois convenir à présent que nous sommes dans le meilleur des mondes possibles et surtout que nous avons le meilleur des ministres.

Je suis avec un profond respect, etc.

A partir de cette époque, le grand état-major n'eut plus que deux sous-aides-majors, un fourrier-major et deux commissaires, un aumônier, un armurier en chef et un sellier. Les compagnies furent com-

---

(1) L'Espion anglais. Londres, 1784. III, 103.

mandées par le capitaine-lieutenant, deux lieutenants, un sous-lieutenant et un porte-étendard, avec quatre maréchaux-des-logis, huit brigadiers et un fourrier. Comme on avait pensé à Lunéville, le projet de réformes du comte de Saint-Germain était manqué et le maréchal de Castries avait pu écrire avec raison à ses officiers « que l'on fût tranquille ». En effet le coup était paré !

Le ministre voyant que son œuvre avait été changée, eut le bon esprit d'en rire tout le premier. Des officiers de la Gendarmerie de passage à Paris, allèrent lui présenter leurs hommages; il leur demanda s'ils étaient contents et s'ils avaient lu la nouvelle ordonnance : « Eh bien, dit-il, vous êtes plus avancés que moi. »

En 1779, le corps comptait 1 lieutenant-général, 3 brigadiers de cavalerie, 24 mestres de camp, 13 lieutenants-colonels. Tous les brigadiers étaient capitaines ou lieutenants de cavalerie. Il y avait beaucoup de chevaliers de Saint-Louis; presque tous les brigadiers l'étaient. On voyait aussi des chevaliers de Malte, même dans les simples cavaliers; parmi ces derniers, on en remarquait qui servaient depuis 1727, 1734, etc.

Les deux compagnies licenciées furent versées dans celles qui restaient.

XI

L'ordonnance du 3 janvier 1770 avait composé le grand état-major général de cette façon :

1° *Commandant en chef et inspecteur* : Le lieutenant-général, capitaine-lieutenant des Ecossais.

2° *Commandant en second* : Le maréchalde-camp, capitaine-lieutenant des Gendarmes Anglais.

3° *Major :* Le brigadier, capitaine-lieutenant d'une compagnie.

4° Deux aides-majors.

5° Quatre sous-aides-majors. (En 1776, il n'y en a plus que deux).

6° Deux fourriers-majors. (En 1776, il n'y en a plus qu'un).

7° Quatre commissaires des guerres. (En 1776, il n'y en a plus que deux).

8° Deux aumôniers. (En 1776, il n'y en a plus qu'un).

9° Un chirurgien-major en chef.

10° Un trésorier.

11° Un timbalier trompette-major.

En 1770, les Compagnies de Bourgogne et d'Aquitaine furent désignées sous le nom de Compagnies de Provence et d'Artois, à cause des deux petits-fils du Roi. A la mort de celui-ci, la Compagnie de Provence prit le nom, en 1774, de Monsieur, frère du Roi. Les carabiniers, les régiments d'infanterie et les dragons de Provence devinrent les régiments de Monsieur.

En 1773, on augmenta l'état-major d'un maréchal-des-logis chargé de l'hôpital et d'un brigadier chargé du service des recrues à Paris.

Au licenciement, en 1788, la Gendarmerie ne figure plus, comme sur l'*Etat militaire* de 1761, à la suite de l'infanterie et à la tête des régiments de cavalerie, mais bien à la suite de la Maison du Roi et avant les Gardes-du-Corps de Monsieur.

Voici l'état des officiers de la Gendarmerie en 1787, d'après l'*Etat militaire* de cette année :

ÉTAT-MAJOR

Commandant général et inspecteur : Le maréchal de Castries, chevalier des Ordres du Roi, capitaine-lieutenant des Ecossais.

Commandant en second : Le duc de Castries, brigadier, capitaine-lieutenant des Anglais.

Major : Le comte d'Harville, brigadier, capitaine-lieutenant de la Reine.

Aides-Majors : Le chevalier d'Estresse, colonel; le baron de Bohan, colonel.

Sous-Aides-Majors et Fourrier-Major : De Paignat, brigadier; de Diettmann, colonel; de Bergeron, fourrier-major, rang d'aide-major, colonel.

Commissaires : De Lobel d'Alancy, ord^{re} des guerres; de Floissac.

I. — GENDARMES ECOSSAIS.

Capitaine-Lieutenant : Le maréchal de Castries.

1er Lieutenant : Le vicomte de Menou du Mée, mestre-de-camp.

2e Lieutenant : Le marquis de Maillé de la Tour-Landry, mestre-de-camp.

Sous-Lieutenant : Le comte de la Croix de Castries, lieutenant-colonel.

Porte-Etendard : De Lomenye, mestre-de-camp.

Maréchaux-des-Logis : Carrez, Janson, Pecquet, Mourbon.

Brigadiers : La Salle, Floquet, Camus, Baudoux l'aîné, Flamel, Fabre, Rosse, Pecquet le cadet.

Fourrier : Baudoux le cadet.

II. — GENDARMES ANGLAIS.

Capitaine-Lieutenant : Le duc de Castries, brigadier.

1ᵉʳ Lieutenant : Marquis de Bournez, mestre-de-camp.
2ᵉ Lieutenant : Marquis de Gizeux, mestre-de-camp, chevalier de Malte.
Sous-Lieutenant : Marquis de Kérouartz, lieutenant-colonel.
Porte-Etendard : Le chevalier de Malvoue, mestre-de-camp.
Maréchaux-des-Logis : Grandeau, Le Guay, de Vouges, de Bretagne.
Brigadiers : Philipée, La Fèvre de la Basse-Boulogne, de Bracouu, de Senaillac, Charlard, de la Mouilhe, de Beauchange, Vezieu de la Tour, *surnuméraire*.
Fourrier : De Lilia.

III. — Gendarmes Bourguignons.

Capitaine-Lieutenant : Comte d'Herculais, brigadier.
1ᵉʳ Lieutenant : Marquis de Castellane, colonel.
2ᵉ Lieutenant : Marquis de la Bourdonnaye, colonel, chevalier de Malte.
Sous-Lieutenant : Comte Alex. de Foudras, lieutenant-colonel.
Porte-Etendard : Paris, lieutenant-colonel.
Maréchaux-des-Logis : Guitteau, Allongé, Flemel, Vallale.
Brigadiers : De Foy, de Launay, du Feil, Brunie, Berthucat, Soubier, de Becays.
Fourrier : Le Brun.

IV. — Gendarmes de Flandre.

Capitaine-Lieutenant : Comte de Lambertye, brigadier.
1ᵉʳ Lieutenant : Marquis d'Auchier, mestre-de-camp.
2ᵉ Lieutenant : Comte de Sainte-Aldegonde, mestre-de-camp.

Sous-Lieutenant : Vicomte de Serent, lieutenant-colonel.
Porte-Etendard : De Saint-Amand, lieutenant-colonel.
Maréchaux-des-Logis : Lefèvre de Nager, de la Porterie, Perrot, Bailly.
Brigadiers : Bertrand, Bontoux, Fleury Le Brun, Martin, Dufossac, Mehail.
Fourrier : Jerly.

V. — Gendarmes de la Reine.

Capitaine-Lieutenant : Comte d'Harville, brigadier.
1er Lieutenant : Comte Hypolite de Choiseul, mestre-de-camp.
2e Lieutenant : Comte de Cosnac, mestre-de-camp.
Sous-Lieutenant : Vicomte de Ségur-Beyrac, lieutenant-colonel.
Porte-Etendard : De Rafrègue, lieutenant-colonel.
Maréchaux-des-Logis : De Chamborant, du Tronchet, Dorey, de Bouteville.
Brigadiers : Chantrel, Villeret, Dorey de Marizy, Collet, Boscheron, Donisart, Villosanges.
Fourrier : Poirier.

VI. — Gendarmes Dauphin.

Capitaine-Lieutenant : Marquis de Moyria-Chatillon, colonel.
1er Lieutenant : Comte de Saisseval, colonel.
2e Lieutenant : Marquis de Laporte, colonel.
Sous-Lieutenant : Comte de Chalabre, lieutenant-colonel.
Porte-Etendard : Poncelet de Richebourg, lieutenant-colonel.

Maréchaux-des-Logis : Du Gallois de la Grange, Rastègue, du Gallois du Fort, Le Bel.
Brigadiers : Janson, Villette, Clausin, de Bellefontaine, Deyroles, de Racroix, de la Touloubre, de Gestas de Montmaurin.
Fourrier : Vauberet de la Cote.

VII. — Gendarmes de Monsieur.

Capitaine-Lieutenant : Comte d'Auger, brigadier.
1er Lieutenant : Vicomte de Thezan, mestre-de-camp.
2e Lieutenant : Marquis d'Esclignac, mestre-de-camp.
Sous-Lieutenant : Comte Charles de la Tour-en-Voivre, lieutenant-colonel.
Porte-Etendard : Trassard des Landes, lieutenand-colonel.
Maréchaux-des-Logis : Fauconnet, Duserre, Desnoyers du Plessis, Dufour de Vigneaux.
Brigadiers : Framboisier, Thery, Gardin des Roseaux, de Quent, Pinot, Camuset, Gamache, Guillemot.

VIII. — Gendarmes d'Artois.

Capitaine-Lieutenant : Baron de Nedonchel, brigadier.
1er Lieutenant : Vicomte de Blangy, mestre-de-camp.
2e Lieutenant : Marquis d'Escayrac, mestre-de-camp.
Sous-Lieutenant : Marquis de Boisse, lieutenant-colonel.
Porte-Etendard : Renould, lieutenant-colonel.
Maréchaux-des-Logis : De Bolinard, Prieur, Bolinard de la Coste, Rodouan de Charmois.

Brigadiers : Termes, Brunel de Moze, Fleury, Roger, Dessey, Desauners, Monil.
Fourrier : Crouzet de Zybel.

Il y avait 93 chevaliers de Saint-Louis, dont 26 officiers, 32 maréchaux-des-logis et 35 brigadiers et fourriers. Sur les 26 officiers, 6 étaient de l'état-major général, dont un commissaire des guerres; puis il y avait les simples gendarmes, dont l'état m'est inconnu.

Voici les états de service d'un gendarme, un des doyens en 1776; on verra la marche suivie pour monter en grade :

LEPÈRE,
Reçu le 20 mars 1727,
Fourrier le 8 octobre 1741,
Brigadier le 12 décembre 1746,
Maréchal-des-logis le 9 avril 1758,
Chevalier de Saint-Louis le 16 mai 1760,
Pension de 400 livres le 17 avril 1761,
Lieutenant-colonel le 3 mai 1767,
Porte-étendard le 1er avril 1776 (Monsieur).

En 1787, le doyen du corps était M. de Paignat, brigadier des armées, chevalier de Saint-Louis, sous-aide-major, entré au service le 15 janvier 1742.

On mettait 9 à 15 ans pour être promu au premier grade (fourrier), puis 6 à 7 ans pour être brigadier.

XII

Douze années après le licenciement des deux compagnies de Berry et d'Orléans, Louis XVI, poussé par une sorte de fatalité, crut devoir faire réformer toute sa maison militaire. C'était sous le triste ministère du comte de Brienne. Cette fois, la

Gendarmerie de Lunéville ne fut pas épargnée. Les bruits du licenciement complet du corps commencèrent à circuler dès la fin de l'année 1787 ; les habitants s'émurent à juste titre et cherchèrent les moyens les plus propres à conjurer le danger qui menaçait la prospérité de la ville. Le maréchal de Castries, qui tenait à ses gendarmes, fit les plus justes représentations ; il ne fut pas écouté. Il fallait, disait-on, des économies à tout prix, et l'on se privait, d'un trait de plume, d'une troupe choisie d'hommes dévoués, aimant leur roi, la France et l'honneur de leur corps. Les officiers, fiers de leurs cavaliers, qu'ils connaissaient de longue date, avaient vieilli avec eux, étaient habitués à leur passer bien des choses et n'étaient pas partisans de ces malheureuses innovations qui, venues du dehors, changèrent d'abord le caractère des régiments en inspirant aux hommes la haine de leurs chefs.

Le 2 mars 1788 parut l'ordonnance portant réforme du corps de la Gendarmerie. Quoique dure en elle-même, elle cherchait à améliorer le sort de ceux qu'elle atteignait. On payait les charges achetées, la solde entière était conservée aux officiers ayant de 40 à 50 ans de présence au corps ; les deux tiers de la solde à ceux ayant de 30 à 40 ans de service. Les enfants de troupe avaient quart de pension. Les aides et les sous-aides majors conservaient leur solde jusqu'à ce qu'ils fussent remplacés. Les gendarmes ayant de 20 à 30 ans de service touchaient la moitié de la solde ; de 10 à 20 ans, le tiers et le quart seulement, de 6 à 10 ans. Le timbalier ayant plus de 30 ans de service conservait la totalité de ses appointements ; les 16 trompettes étaient retraités à proportion des cavaliers; l'aumônier avait moitié de la solde; le chirurgien-major en chef, 1.500 livres; le chirurgien-major en second, 750 livres. Les chirurgiens de compagnie étaient retraités comme les gendarmes; le maréchal-expert touchait 600 livres; le garde-magasin conservait tout son traitement; l'architecte avait 600 livres, le trésorier 1.200, le chirurgien de l'hôpital 300, ainsi que le maréchal-des-logis chargé du soin intérieur. Le fourrier-major conservait ses appointements, ainsi que les deux commissaires.

Les ornements de la chapelle de la Gendarmerie, au Château, furent laissés en propriété à l'abbé Gamet, aumônier.

Pendant dix ans, les Gendarmes réformés conservèrent le rang et les prérogatives de sous-lieutenant, pour donner aux anciens le temps nécessaire pour avoir la croix de Saint-Louis et, aux plus nouveaux, le temps de se replacer honorablement. A défaut de place comme officiers, ils étaient reçus dans les régiments comme bas-officiers; leur service leur était compté dans ledit grade pour la croix de Saint-Louis; ils pouvaient se retirer quand ils voulaient, pourvu que cela fût à la fin de la campagne, en temps de guerre, et au 1er novembre, en temps de paix.

Enfin le Roi conservait un pavillon à Lunéville pour servir d'hôpital pour les maréchaux-des-logis, brigadiers ou gendarmes infirmes ou pauvres, qui, après la réforme, se trouveraient sans asile.

Les malheureux gendarmes ne restèrent pas longtemps dans cette maison que la munificence royale leur avait laissée. La Révolution vint les dépouiller de cette aumône bien due. La loi du 16 mars 1792 supprima l'hôpital militaire de Lunéville qui fut déclaré bien national (!). Les pensionnaires durent entrer aux Invalides à Paris. Les maréchaux-des-logis comme colonels, les brigadiers comme capitaines, les autres avec le grade de lieutenant. Le chirurgien eut rang de capitaine et le portier-consigne fut considéré comme maréchal-des-logis.

Pour les gendarmes retirés chez eux, la pension de retraite dut être au moins de 600 livres.

Ce fut ainsi que le faible Louis XVI détruisit, sans le vouloir, le bien qu'avait fait à Lunéville le roi Louis XV. La ville souffrit énormément du renvoi de la Gendarmerie, dit Marchal, qui a eu entre les mains les archives municipales. La population s'était accrue d'une foule d'artisans que le luxe des gendarmes avait attirés. A leur départ, ces malheureux demeurèrent bientôt sans ressource et présentèrent le tableau de la misère la plus profonde.

En dépit des arrêts qui n'étaient pas ménagés, des coups d'épée et du peu d'avancement, les Gendarmes trouvaient du charme à rester dans leur corps. C'est à regret qu'ils furent forcés de dire adieu à la joyeuse ville de Lunéville, à leurs camarades devenus si promptement de bons et sincères amis, à leurs maîtresses, à leur plantureuse vie de jeunesse et de garnison. Toute cette bonne et douce existence trouvait fin devant les ordres du roi et ils durent reprendre tristement le chemin de la maison paternelle. « Avec eux, finissaient les aventures joyeuses, tragiques, bouffonnes, galantes et autres, dont ils avaient égayé leur séjour à Lunéville. » (1)

---

(1) A. Joly. Le Château de Lunéville, 132.

Plusieurs d'entre eux étaient bien embarrassés, vétérans à cheveux blancs, ils n'avaient plus de chez eux; la retraite du Château leur fut d'un grand secours; d'autres, plus heureux, prirent bravement la porte pour rentrer au foyer. Les habitants vinrent généreusement à leur aide; ils prêtèrent des sommes importantes qui servirent à payer les créanciers trop criards. Les capitaux furent généralement rendus.

Soixante-six ans après le malheureux licenciement, j'ai entendu en 1854 un gendarme rouge retiré à Trois-Vaux, près de Saint-Pol (Pas-de-Calais), parler avec attendrissement de la conduite honnête de plusieurs habitants de Lunéville envers lui et envers quelques-uns de ses camarades.

Enfin, le plus grand nombre des gendarmes rentra dans l'armée, attendant des jours meilleurs.

On ne doit pas s'étonner de la conduite des Lunévillois, les gendarmes étaient estimés et aimés. Tous les ans, ils donnaient quelques bals au Château, très fréquentés par la bourgeoisie. C'était une bonne occasion pour les dames de passer le temps et elles ne la laissaient pas échapper. Les relations étaient assez suivies entre le civil et le militaire et surtout avec le négociant qui profitait des dépenses considérables que faisait la gendarmerie, comme nous l'avons déjà dit.

NOTES

I

Anciennement *Gendarmerie* se disait pour la cavalerie en général. Certaines expressions, certains proverbes doivent venir des gendarmes rouges. On dit d'un enfant malin et tapageur : *C'est un petit gendarme. Cela sera un beau gendarme* ; d'une femme hardie et courageuse: *C'est un vrai gendarme. Se gendarmer* (se fâcher, se piquer), marque bien le caractère aventureux des cavaliers du maréchal de Castries (1) qui se provoquaient sans cesse pour avoir le plaisir d'aller sur le terrain. L'expression de *petit gendarme* convenait à certains d'entre eux qui étaient admis très jeunes dans le corps. Un neveu du marquis d'Autichamp, commandant en second, fut reçu à l'âge de douze ans. Né en 1770, il était capitaine à Royal, dragons en 1787, il défendit vaillamment le roi le 10 août 1792 et échappa aux assassins. Il se distingua en Vendée ; et en 1814, il était lieutenant-général à Tours et pair de France.

II

LA SALLE DES TROPHÉES.

Cette belle salle convenablement restaurée est des plus remarquables. Les fenêtres sont ornées de L entrelacés (le duc Léopold) et tout autour du plafond on distingue l'aigle de Lorraine et des instruments de

---

(1) On voit au musée de Versailles un portrait du maréchal de Castries en grand costume de gendarme rouge.

guerre. Jadis dans les intervalles entre les huit fenêtres, les portes et les cheminées ; les trumeaux étaient remplis par des chassis peints à l'huile, plus ou moins larges, selon l'emplacement et représentant des casques, des fanions, des cuirasses, etc.., faisant des trophées.

Ces tableaux postérieurs à l'année 1770, furent enlevés sans doute au licenciement par M. de Paignat, aide-major et transportés au château de Tréveray-sur-Ornain, près de Ligny en Barrois.

Ils servirent de décor pour jouer la comédie. Lors de la création d'un musée en 1841 à Bar-le-Duc, ils y furent envoyés par M. d'Andelarre et on en exposa quelques-uns dans les salles ; d'autres furent mis au grenier, à cause de leur mauvais état. M. Francart, commandant du génie, visitant le musée vers 1846 reconnut d'après les sujets représentés que ces tableaux devaient provenir de la gendarmerie de Lunéville. M. le duc de Nemours averti, les fit demander à l'administration municipale et M. Paulin Gillon, maire, crut devoir les céder pour 3 à 400 francs de plâtres moulés sur les antiques du Louvre qu'envoya le Ministre de l'intérieur. Ce fut l'origine de la salle de sculpture du musée barrisien. Un peintre attaché au musée de Versailles dut, sur l'ordre du duc de Nemours, les restaurer complétement. Mais les événements de 1848 qui survinrent peu après empêchèrent que cela eut lieu.

Les peintures furent alors dessinées sur une grande échelle par notre compatriote M. Félix Lebrun et son très remarquable travail a été déposé par lui à la bibliothèque de la ville. Ces toiles eurent encore de singulières vicissitudes à traverser. La salle du Château où elles étaient déposées, se trouvait au-dessous de la chambre où le feu prit si malheureusement en 1849. Pendant l'incendie qui détruisit une partie du bâtiment, on chercha avec succès à les enlever au feu ; mais déjà quelques-unes étaient gravement atteintes ; néanmoins ces restes précieux purent être déposés au pavillon du génie. Malgré leur mutilation, on parvint à les réparer complètement.

Cette belle salle des Trophées devait être, par ordre du Premier Consul, la salle où se tiendrait le congrès de la paix en 1801. Le garde-meuble de la République avait fourni les meubles les plus précieux, de superbes glaces, des tableaux du Louvre et des tapisseries des Gobelins. On remarquait parmi celles-ci : *Le Sacrifice d'Iphygénie; Achille jurant sur un glaive de venger la mort de son père; les Victoires et les Conquêtes d'Alexandre le Grand.* Un nommé Meyer, de Nancy, avait envoyé un magnifique lustre en cristal, etc. Mais les deux plénipotentiaires préférèrent se rendre alternativement l'un chez l'autre, et la paix fut signée chez M. Le Père où demeurait le ministre allemand.

La salle des Trophées touche au nord à l'ancienne salle des Gardes-du-Corps; au sud, à la salle de la Livrée et au salon bleu (antichambre du Roi); au levant, à la terrasse (appartements du roi Stanislas au Château).

Le Château, après que l'on eut dit qu'il serait affecté pour la résidence du *vainqueur de la paix*, le général Moreau, fut dépouillé petit à petit de ses beaux meubles et redevint caserne comme avant.

On avait aussi fait courir le bruit, en 1775, que Mesdames, tantes du roi Louis Seize, devaient venir l'habiter. Un désaccord avec la jeune reine était la cause de ce bruit; mais quelques paroles aimables du Roi firent renaître la paix et Mesdames restèrent à Versailles.

A la Révolution, les deux premiers lots du jardin du Trèfle, au Château, appartenant au maréchal de Castries, furent vendus comme bien d'émigré, en 1794, au sieur Lacroix; le troisième lot, appartenant à M. d'Esclignac, officier de gendarmerie réformé, avait été adjugé, le 22 septembre 1793, au sieur Varlet; enfin, le 29 octobre 1794, on vendit, au sieur Hilaire, une pièce d'eau dite « la pièce Pacotte », propriété du maréchal de Castries.

C'est ce dernier qui fit arracher les charmilles du Bosquet, à cause des désordres qui s'y faisaient la nuit. Il avait cependant fait laisser quelques arbres. Des deux grilles qui fermaient le parc, l'une avait été construite à ses frais.

Enfin, le Champ de Mars, avec les Garennes du Roi, avait été concédé à la Gendarmerie, moyennant un cens de 737 liv., 16 sols, 6 gros. On l'avait augmenté avec plusieurs pièces de terre louées à diverses personnes, moyennant un canon annuel de 907 livres, 13 sols, 6 gros. C'est le plus beau champ de manœuvres de France.

III.

THÉATRE

Voici quelques artistes qui parurent sur le Théâtre de Lunéville, du temps des Gendarmes.

Un acteur bien connu, Fleuri, né à Chartres, y débuta sous Stanislas. Son père, ayant obtenu une place de commissaire des poudres, quitta la direction des Théâtres de Lunéville et de Nancy et la laissa au père noble de la troupe, Rousselois, dont la fille, en l'an VIII, fut directrice des mêmes théâtres. Elle avait été, comme Fleuri, élevée à Lunéville; « elle n'en fit pas longtemps les délices ». Elle débuta à l'Opéra, sa figure était peu agréable et sa taille trop massive, mais ces défauts disparaissaient devant l'étendue de sa voix, toujours juste et toujours secondée par un jeu sans égal. Cette dernière qualité manquait à Mlle Renaut, née aussi à Lunéville, qui devint plus tard chanteuse légère à l'Opéra-Comique et aux Italiens. Michu, autre artiste qui se vit applaudir à Lunéville, joua sur ces deux scènes avant d'être forcé de s'engager pour le théâtre de Rouen. Les Parisiens lui reprochaient de ne pas plier sa voix aux variations de la mode *(La Lorgnette de Spectacle*, an VIII.)

La Durancy, fille de la « fameuse » Darimatel, débuta à 13 ans à la Comédie Française, en 1779, dans le rôle des soubrettes. Elle alla ensuite à l'Opéra où elle remplit le rôle de Cléopâtre. C'était une actrice supérieure, mais laide et ayant une voix désagréable. Outre cela, débauchée au possible. Elle mourut le 22 décembre 1781, de chagrin d'être abandonnée par un acteur, son amant (Mémoires de Bachaumont.)

Une autre actrice de talent, mais encore plus débauchée, la Raucourt, vint plus tard à Lunéville. Elle était originaire de Paris, et non de Dombasle, comme on le prétend. Les gendarmes entendirent encore le charmant violoniste Jarnowitch qui, avant 1789, faisait les délices de tout Paris.

Monvel devait venir jouer au mois de mars 1787, avant la quinzaine de Pâques, avec Molé et Mlle Coutat, dans une de ses pièces, intitulée « Les Amours de Bayard, » mais on n'eut pas le plaisir de le voir, car les semestriers ne revenaient qu'au mois d'avril et, pour cette époque, l'artiste devait être de retour à Paris; on savait que c'était les gendarmes qui faisaient en grande partie les frais du spectacle. Collot d'Herbois, de sinistre mémoire, vint aussi à Lunéville. « Il ne reçut sans doute, dit Guerrier, que des applaudissements sur notre théâtre, car si malheureusement les sifflets se fussent fait entendre à ses oreilles, le désir de se venger eut peut-être fait éprouver à notre ville le même sort qui détruisit la seconde ville du royaume.

Outre Pigault-Lebrun, quelques gendarmes cultivèrent encore les belles-lettres.

Un de leurs commissaires, Dussault, de l'Académie de Nancy, écrivit, en 1779, un livre sur la passion du jeu, qui est encore lu de nos jours. Le vicomte de Ségur, mort en 1805 et lieutenant aux Gendarmes d'Artois, est connu par quelques couplets et par plusieurs vaudevilles où l'on remarque beaucoup de malice.

Auguste Danican, né en 1763, soldat à Barrois (infanterie), puis gendarme et colonel de hussards, enfin général à la Révolution, se distingua dans la guerre de la Vendée; ses mordantes brochures contre les puissants du jour, le firent exiler.

IV

Donnons les noms de quelques gendarmes pris au hasard dans les compagnies. Beaucoup se sont fait connaître.

1° Ecossais. — Daumont de Roquebrune, chevalier d'Offertun, d'Escrivieux, de la Lande, de la Lance de Gondreville, Guilemard de Neyperg, La Salle neveu, chevalier d'Esnières, Richard de Condrécourt, de Chateauvieux, de Belfonds, Melchin Borel, chevalier de Maurel, d'Hennezel, Charrière, de Serrières, Carré, Valois, Lacretelle, Meustier, Moreau.

2° Anglais. — De la Blosserie, de l'Espinée, Froment, de Valhausen, de Chailloux, chevalier de Luchet, de Cailbava, de la Tour, le duc de Crécy, Nolloy, Chollois frères, Tamiset de la Mothe, de Kerantonais, Tugnot de Lannoy, de l'Orme, de Serrières, Augereau, de la Mothe cadet, d'Henin, de la Ferrières frères, de la Salle, Fragnon fils, Lapujade, Petit, Rolland, Prieur.

3° Bourguignons. — Vanneson, Fabre de Farel, Gohier, chevalier de Jumilly, Mariolle, Basset-Montagu, Pezet de Murmont, de Gabriac, Champfort, Desarmoise, chevalier de Comargne, chevalier de la Gorce, chevalier d'Astorg, Clery, Le Peige, Dalencourt, Dardène, de Coudray, du Teil, Mercier, des Isles, de Launay, Bar, Royer, George, Maréchal, Lamotte.

Ce dernier est le mari de la fameuse comtesse de la Motte-Valois. En 1827, il était pensionnaire à l'hôpital de la Charité, à Paris, avec une pension du roi Louis XVIII. Il avait signé que tout ce qu'avait fait imprimer sa femme était complètement faux. Le manuscrit original de ses Mémoires est entre les mains de M. de la Sicotière, sénateur de l'Orne.

4° FLANDRE. — De Noyers, Bastide, Fleury, des Marais, du Hamel, de Lorme, Noël, de Fabert, Rouault, chevalier de Bermont de Vachère, Isnard, de Gorce, de Launay, de Lanneau, chevalier de Marguerit, de Marne, Santerre, Montjaillard, Dorvaux, Bizot de Nilieux, Randou, chevalier du Poureau, de Boulainvilliers, Rossignol, de Laumont, Demange, chevalier d'Agnel, de Borde, Bontoux, Bertrand, Le Brun, de Gonneville.

5° REINE. — Collet, Messier, Boscheron, L'Estang, Sawiges, Dennecey, Milet, Marignier, Romefort, de Launay, Louviot, Schwazhausen, de Chantraine, Blonel, Camus, Gabriel, Domergue, de Lomeny fils, Paris, de Guyenne, Le Fèvre, La Coste de la Grange, chevalier de Lambertie, Jacquesson, Félix, Bouton, Marquis, Nicod, Carrière, Brière, de Bellefond, Le Clerc, de l'Espinasse, de Jandin, de la Barre, Jacquinet, Louviot, La Coste (1773), de Beaurepaire, de Lescure.

6° DAUPHIN. — De Goyon, de Mercy, Fouquet, Huot, Dubois, Charton (1771).

7° MONSIEUR. — D'Anthouard, Haba, d'Arbigny, Avril de Bouligny, Urbain, Le Blanc, Marchal, Gérard, Durand.

8° ARTOIS. — Chevalier de la Faulays, d'Osmond, Niel, Drouot, Salmon, chevalier de Marchis, Sellier, de l'Orme, Drouot (trois), Jobin, chevalier de Brossard, chevalier de Bastier, chevalier de Guerry, Trion d'Hiencourt, Gaillard, de la Croix, chevalier de Mustel, Salmon, de Vigne, Martineau de Preneuf, chevalier de Rouvraye, Buisson, de Nicole, Ybert Dorigny, Lestorey, etc.

V

A la mort de M. Piroux, le sympathique directeur de l'Ecole des Sourds-et-Muets, à Nancy, son fils donna à la Bibliothèque de Lunéville de nombreuses liasses manuscrites provenant de son aïeul, le lieutenant au maire Piroux, avocat. Une de ces liasses concerne les filles qui étaient entretenues par les gendarmes. Rien n'est oublié, le logement, le prix par mois, même les jardins loués pour servir de « petites maisons ». Voici quelques extraits de ce travail, le nombre des filles dépassait la centaine. Le lieutenant chargé de la police a donné des annotations qui ne manquent pas de *brio*.

Et d'abord voici une lettre qui entre en plein dans le sujet.

« Nancy, le 7 décembre 1785.

« J'ai reçu, Monsieur, la lettre que vous m'avez écrite le 5 de ce mois, relativement aux filles de mauvaise vie que vous avez fait arrêter à Lunéville et que vous voudriez faire transférer au dépôt de mendicité de Nancy. J'ai lieu de croire qu'il est question de filles qui ont été arrêtées à la requête du commandant de la Gendarmerie, puisque ce sont les seules qui sont dans le cas d'être envoyées au dépôt. Dans ce cas, c'est au commandant de ce corps à me faire connaître les noms des filles, afin que je puisse donner les ordres convenables; au moins devrez-vous justifier avant que je donne ces ordres que ces mêmes filles ont été arrêtées à la requête du commandant du corps de la Gendarmerie.

« Je suis, etc.   « De la Porte (1). »

(1.) Intendant de Lorraine.

Les filles sont parties le 11. M. d'Estrées, commandant, a écrit à M. le lieutenant de police.

———

Voici quelques extraits des papiers du lieutenant général de police :

Marianne Hagenau, de Lixheim, 18 ans, à Lunéville depuis deux ans, juive, demeurant avec sa mère, Dina Coblentz, veuve de Martin Hagenau, chez Spinge, invalide, rue des Loups; elle a un certificat du maire royal de Lixheim du 18 mai 1785. *M. Lamotte (cadet), gendarme Anglais.*

Catherine et Odile, de Loudrefing, deux sœurs, logées chez la dame Halliet par bail au nom de M. de la Coquerie (selles), gendarme Bourguignon, rue de l'Orangerie et entretenues par ledit sieur. *Elles se sont prêtées à troquer leur servitude contre une vie aisée et non pénible.*

Marianne Schouler, dite « la petite allemande », née à Sarralbe, loge en chambre chez Tannette depuis le 23 avril 1785, tricote et file. Ses parents, bouchers, sont morts. *M. Madrame, gendarme de la Reine, et M. Beaufort.*

Jeanne Alliot, de Réchicourt, âgée de 21 ans, à Lunéville depuis deux ans, soubrette à l'ordinaire chez M. de la Chaillerie, gendarme Ecossais, logée chez la mère Etienne, rue Saint-Nicolas ; ayant volé des bas et des mouchoirs à ce gendarme, elle a été mise à la maison de force pour trois jours et vingt coups de nerf de bœuf par jour, puis mise hors de la ville.

Madeleine, Anne et Françoise Maillerme, sœurs natives de Lunéville, logées avec leur mère au Petit Bosquet, *toutes trois couturières, mais des connaissances généreuses les dispensent de s'exposer en chemin afin de venir travailler en ville.*

Marie Verlet, âgée de 16 ans, de Lunéville, se disant gantière ; à la maison de force, pour vol domestique, *évadée le 2 novembre 1783.*

Christine Royer, née à Nancy, paroisse Saint-Nicolas, âgée de 14 ans, fileuse de coton, *vagabonde ; conduite hors de la ville, pour retourner à Nancy.*

Marie-Anne Moncharmont, de Bienne, en Suisse, loge en chambre garnie chez la veuve Rosette, rue des Loups. Fréquentée par ces messieurs, à tout prix et au premier venu. *Pas d'argent, pas de Suisse.*

Les trois filles Collin, natives de Lunéville, fréquentées par MM. les Gendarmes. *Le besoin et le malheur les ont rendues telles.*

La Blanchard, dite Louise, native de Bitche, couturière en linge, loge dans ses meubles, chez la demoiselle Ourselé, rue des Capucins ; fréquentée par MM. les Gendarmes.

Marie Collen et Charlotte Schonville, nées à Lunéville, logées chez Pierre Steiner, rue Pacatte. *Barbotteuses.*

Madeleine Jean, dite Cusèque, de Lunéville, loge dans la maison de Richard.

Femme Lapierre, fort vieille, demeure dans une maison isolée, ruelle de Viller, attire chez elle des jeunes filles qu'elle prostitue aux gendarmes, entr'autres Agathe Jouvenet.

Rosette George, née à Lunéville, orpheline, âgée de 18 ans, loge chez Loret, charcutier, rue des Loups, en chambre garnie à 6 francs par mois. *M. Lorangère, gendarme de Monsieur.*

Babet Vallieré, femme de Eloye Marion, concierge au Château, loge à l'hôtel de la

Gendarmerie, cuisinière de l'ordinaire de la compagnie d'Artois, âgée de 42 ans, tient une mauvaise conduite, son fils est âgé de 14 ans.

Marianne Poirot, née à Toul, âgée de 19 ans, en chambre garnie chez Le Fèvre, sellier, rue Saint-Nicolas, depuis le 18 décembre 1785. M. le chevalier de Mauljean, officier de la Marche-Cavalerie, attaché à l'équitation de la Gendarmerie.

Catherine Greff, de Hesse, loge avec sa mère, lingère, fréquentée par M. Dampierre, gendarme Anglais. *Tranquille.*

Catherine Paillon, du même endroit, fille d'un charron décédé, demeure rue d'Allemagne, près la Comédie, sa mère loge au-dessous; à Lunéville depuis cinq ans, a été cuisinière des gendarmes. *M. Thomas, gendarme Ecossais.*

Marianne Bacheling, née à Dieuze, 19 ans, a servi deux mois chez un brigadier de gendarmerie, couturière, en chambre chez Lapierre, rue du Four, 14 juin 1786.

Marie Gaspart, de Richemont, âgée de 20 ans, orpheline, depuis six mois chez M. d'Orme, gendarme de Flandre, loge chez Jean Renaud, rue Pacatte; apprend à repasser. *M. de la Colombière, gendarme d'Artois.*

Beaucoup de gendarmes louaient des jardins qui leur servaient de « petites maisons ». Le lieutenant-général de police n'a eu garde de ne pas dire ce qui lui était signalé là-dessus

Saint-Amand a loué un jardin avec une petite maison à Le Duc, louée pour une personne inconnue, et fréquentée par Françoise Sauvage, de Gerbéviller, restant chez la veuve Bennot, rue de l'Orangerie, payant

40 francs par mois et travaillant dans son jardin, etc., etc.

VI

Les Gendarmes qui appartiennent à la Lorraine sont nombreux.

Parmi les officiers, il y a :

Le vicomte de Wassinhac d'Imecourt, comte de Louppy-Brandeville, etc., major, demeurant au château d'Inor (Meuse), né en 1746, mort en 1786.

Le marquis d'Ambly, seigneur de Marilly, aide-major (colonel), au château de Génicourt (Meuse), membre de l'Assemblée provinciale des Trois-Evêchés en 1788.

Le comte de Boufflers-Rouvrel, enseigne aux Bourguignons, cousin du capitaine aux Gardes du roi Stanislas.

Le comte Charles de la Tour-en-Voivre, seigneur de Richecourt (Meuse), demeurant à Pont-à-Mousson, maréchal de camp, puis en 1815 commandant la garde nationale de Nancy.

Le comte de Choiseul-la-Baume, sous-lieutenant aux Ecossais, chambellan du roi Stanislas ; son beau-frère, le comte de Sommièvre, capitaines des Gendarmes de Berry, était premier gentilhomme du même roi ; le baron de Choiseul-Bussière, capitaine des Dauphins, fut ambassadeur à Turin et le chevalier de Choiseul-Meuse, enseigne à la Reine, demeurant au château de Sorcy (Meuse), montraient que la puissante famille de Choiseul savait se placer partout.

Parmi les sous-officiers et simples gendarmes, on voit :

Le chevalier Pierre-François Isnard, né à Strasbourg, fut gendarme écossais ; il a publié une notice très rare sur le corps (Strasbourg, 1781, in-12, 86 p.) Il entra en 1790 à la Société des Amis de la Constitution, puis à celle des Jacobins de Strasbourg; il a publié une pièce de vers sur la mort du général Desaix et la profession de foi d'un vétéran sans-culotte de la Montagne, avec une gravure de C. Guérin. Son fils fut, je crois, architecte.

De Valory, entré en 1750, fourrier la même année, brigadier et chevalier de Saint-Louis en 1771.

Domergue, entré en 1746, brigadier et chevalier de Saint-Louis la même année.

Chartener, entré en 1743, brigadier en 1759, maréchal-des-logis en 1776, jouissant d'une pension de 400 francs en 1774; chevalier de Saint-Louis en 1771.

Grandeau, entré en 1744, fourrier en 1753, brigadier en 1768, chevalier de Saint-Louis en 1773, maréchal-des-logis en 1778.

Hereau, entré en 1747, fourrier en 1761, brigadier en 1770, (Artois); chevalier de Saint-Louis en 1773.

La noblesse du premier Empire compte quelques gendarmes lorrains :

Robert François Etienne, déclaré écuyer en 1826, né à Bar-le-Duc en 1749; en 1789 colonel de la Garde nationale de cette ville où il mourut en 1827, après avoir été retraité comme chef d'escadron de gendarmerie.

Cochois Antoine-Christophe, chevalier de l'Empire, né à Creuzwald en 1755, mort à Nancy en 1829, sortit de la Gendarmerie en 1772; entré dans les carabiniers, il devint sous la République colonel du 2ᵉ régiment, général en 1805.

De Grandprey Nicolas-Clément, chevalier de l'Empire français, né à Beauffremont en 1756, mort à Neufchâteau en 1827; gendarme d'Artois en 1772, garde-du-corps de Monsieur en 1785; chef d'escadron commandant le dépôt des prisonniers anglais au fort de Bitche, puis employé avec le même grade à Vesoul.

La ville de Lunéville compta plusieurs de ses enfants ou plusieurs de ses habitants dans le corps de la Gendarmerie :

Charles-François-Toussaint Géneval, né à Lunéville le 1er novembre 1750, mort à Paris le 27 mai 1827; chevalier de l'Empire; dragon Dauphin le 22 juillet 1767, gendarme le 14 avril 1770; en 1792, il est commandant de remonte et en 1813, colonel de gendarmerie à Paris.

Antoine-Charles Basset-Montagu, général de division, décédé à Lunéville en 1821, était né à Versailles en 1751; gendarme bourguignon en 1768, licencié en 1788. En 1791, on le voit commandant du 1er bataillon des Volontaires de la Meurthe qui se rendait à Metz. Il fut au camp de la Loune et fit avec honneur les campagnes du Rhin, puis il devint gouverneur de Bruxelles.

De Marchis, fut le père du professeur au collège royal et administrateur des hospices de Nancy.

Chardon, père d'Amable Chardon, original s'il en fut, que l'on enterrait avec 1500 francs de billets de banque dans ses poches.

De la Lalance de Gondreville, gendarme écossais, maire de Crévic. Madame de Villemotte était sa fille.

Fabre de Parel, gendarme bourguignon en 1766, préposé au payeur de l'armée, conseiller municipal. La famille Du Prat en descend par les femmes.

De Chuy d'Arminières (François), chevalier, lieutenant de cavalerie, ancien aux Anglais (1766), adjoint au maire sous la Restauration. Un membre de la famille épousa une demoiselle Lazowski.

De France de la Ronce (Charles), gendarme le 15 septembre 1751, brigadier le 19 mai 1773, maréchal-des-logis le 13 juin 1776 (Bourguignons), chevalier de Saint-Louis, rang de capitaine de cavalerie, second adjoint au maire pendant le Congrès de Lunéville.

Un autre De France, entré au corps le 1er septembre 1751, fourrier le 15 juin 1771, brigadier le 19 mai 1772, chevalier de Saint-Louis le 6 juin 1777.

François-J.-J. Poupinet d'Alancourt, ancien aux Bourguignons (1775), nommé maire le 23 Thermidor an VIII (1800 à 1808) et de 1821 à 1823, électeur en l'an X, lieutenant de la garde d'honneur en 1810. La famille Lhotte en descend.

Jean du Seignat de Kanforêt, ancien à Monsieur (1762). On le voit, en 1791, membre du Bureau de Conciliation, premier adjoint pendant le Congrès. Il demeurait rue des Capucins.

De Lelmi, gendarme de la Reine, (1778), maire de 1810 à 1814 et pendant les Cent-Jours. Il fut cité pour sa belle conduite envers les malheureux atteints du typhus en 1813. Sous la République, il figure comme chef de bataillon « absent pour le service public. » Il a laissé 3 pages petit in-4º intitulées « MES VUES », considérations sur des embellissements à faire à Lunéville.

Jean Birouard de Virey, écuyer, chevalier de Saint-Louis, premier aide-major de la Gendarmerie, rang de mestre-de-camp, épousa à Lunéville Pierrette-Catherine Héré, fille du célèbre architecte, dont il eut, le 2 septembre 1769, à Lunéville, un fils nommé Jean-Baptiste (1).

---

(1) Archives municipales.

Le catalogue des gentilshommes du Bailliage de Lunéville le qualifie en 1789 de chevalier. Il est cité avec MM. d'Armentières, de France, de la Lande, de Marchis et de Malvoue.

Jacques-Christophe Nollet de Malvoue, gentilhomme originaire de la Normandie, chevalier, gendarme le 14 août 1751, fourrier le 20 avril 1768, brigadier le 9 juin 1771, fourrier-major le 17 mai 1773, porte-étendard le 1ᵉʳ avril 1775, chevalier de Saint-Louis le 6 juin 1777, rang de mestre-de-camp. Son gendre fut M. Blanchaud, gendarme bourguignon (1784), qui devint ensuite officier de cavalerie et conseiller municipal. M. Blanchaud est le père du colonel de cuirassiers.

On connaît cette chanson :

Garde à vous !
Rangez-vous !
Laissez passer les Grâces.
Garde à vous, Rangez-vous !
Laissez passer les dames Malvoue.

Le gendarme Pierre Delorme eut une existence assez agitée en sortant de la Gendarmerie ; il prit sa retraite rue d'Allemagne et, en 1789, fut élu député suppléant à l'Assemblée nationale, puis, en 1791 et 1792, notable et électeur départemental. Il n'eut pas beaucoup à se louer de ses concitoyens, car il les gratifia d'une pièce de vers de 11 pages in-8° où il les arrange d'une belle façon. Les vers sont assez bons, dit Noël (col. n° 4570) :

« Pierre Delorme, ex-parisien, ex-noble,
« ex-poète, ex-gendarme, ex-jacobin, ex-
« missionnaire d'Orléans, ex-président du
« comité révolutionnaire et chef du cercle
« soi-disant constitutionnel de Lunéville, à
« tous les anarchistes de l'univers. 1793. »

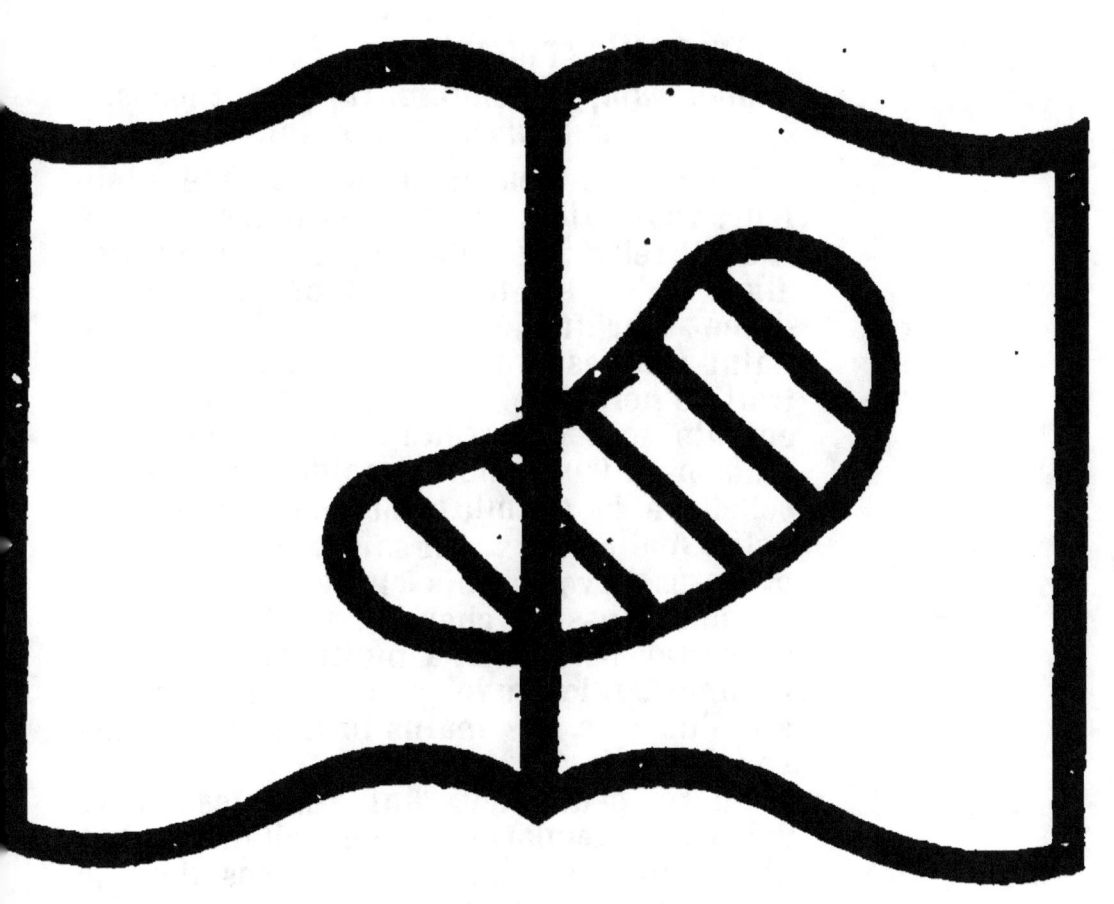

Illisibilité partielle

Avec cette épigraphe :

*Monstrum, horrendum, informe, ingens,
cui lumen ademptum.*

Un ancien gendarme se fit une meilleure réputation. Ce fut Leix le jeune. Déjà il avait retiré des flots un jeune homme qui allait se noyer, lorsque dans un incendie d'une fabrique de papiers peints, place Saint-Jacques, il se signala par un nouveau trait d'héroïsme. Il apprend que deux enfants sont encore au second étage d'une maison en feu. Il monte rapidement par une échelle à la chambre où sont les pauvres petits malheureux, en saisit un, redescend et après l'avoir remis en des mains sûres, remonte aussitôt chercher l'autre innocent encore au berceau et à moitié asphyxié par la fumée. Il le sauve également et disparait au plus vite, les mains brûlées et les cheveux roussis,

On ne peut mieux finir les notes sur les valeureux gendarmes qu'en citant ce dernier trait bien digne d'un corps dont la devise était comme celle de tous les militaires français :

HONNEUR ET PATRIE.

FIN.

www.ingramcontent.com/pod-product-compliance
Lightning Source LLC
LaVergne TN
LVHW021006090426
835512LV00009B/2106